U0028001

減法的教育

suncolor 三采文化

臺北市立北投國小校長 邢小萍 著

推薦序

當父母準備好，好孩子就會出現！

全國家長團體聯盟副理事長　林文虎

幾年來，每年幾百場的演講和會議，我幾乎走遍全台各地，有機會和各種不同背景的家長與教育人員深談。有幾個特定的議題，只要是在較深入的研習中，幾乎都會出現。「怎麼帶好孩子」，是其中最具代表性、同時也是最難說清楚的問題。每每被問到這個問題，內心總會隱隱作痛，因為這個問題的提出，通常也代表著有一群人正在「親職泥淖」的困境中掙扎與煎熬！

看到《減法的教育》，眼睛突然一亮！這不就是一個擔任校長的媽媽的最強教育心法嗎？校長媽媽平易近人地娓娓道來三十八個最常見、也最困擾的問題，書中展現的價值澄清，都是真真實實的經驗之談。超過一百三十則透過內省和專業檢視得來的好父母、好老師心法，幾乎都是能立即出手的妙招，讀得輕鬆也能學得容易。下回再有人問起親子溝通？問起如何當個好父母？如何做個好老師，甚至是好校長？我會毫不猶豫地推薦這本好書，也推薦書中所澄清的所有心法。

毫無疑問，所有的父母都深知孩子是自己的，但奇怪的是，很多父母總將自己的孩子當成別人的孩子來教養，成績要「不落人後」、動作要「比別人快」、升學要挑「大家」都一窩蜂搶進的學校；還要跟「大家」一樣學英語、才藝、補習。每一項作為都逃不掉「別人」的陰影，所以「親、師、生」三方都在痛苦中沉淪。「每年二十餘萬的同齡孩子，只有那一個才是自己的寶貝。」這道理其實很簡單，但要真正做到卻需要許多鍛鍊：要能「看穿」很多謬誤傳統，如：「將孩子關在圍牆中就安全了」；要學會很多「正確」的技巧，如：「學會看懂成績單背後的真相」；要能使出很多「有用」的絕招，如：「如何有效地學習？不管是英語還是國文？」當父母準備好，好孩子就會出現；當老師準備好；好學生就會出現。

《減法的教育》是準備好的第一步，請大夥兒一起來。

推薦序

洞悉核心價值的智慧橋樑

臺北市立北投國小資優班教師　黃桂冠

二〇〇九年五月，日本講談社想要安排《溫泉屋小女將》的作者令丈裕子小姐訪台，蒐集寫作的相關素材。因緣際會之下，三采拜訪北投國小，探詢校方是否願意接待日方的作家與出版社相關人員。雖然小萍校長與出版社素昧平生，卻很爽朗地慨然允諾；並在實際的接待工作上，傾力相助。除了安排令丈小姐進入教室，深入與北投的小學生互動，並協助聯繫溫泉業者的家長與學生接受訪談，甚至還貼心地致贈令丈小姐一套北投國小的體育服與女生制服，讓令丈小姐深深地體會到台灣溫厚的人情味。

藉由這件事，可以很清楚地觀察到小萍校長的行事風格：處事時能大處著眼，與人相待時卻又體貼周到。

此次細讀小萍校長所自述的成長歷程，從幼年喪父、隨母改嫁，十九歲就扛起家庭經濟重擔，以及初為人母的種種煎熬，終於恍然大悟，為何這麼年輕的校長，卻能如此成熟深刻地掌握事情的關鍵，同時又常能寬容體諒別人的不足。原來生命的洗禮，看似殘酷無情，卻總能將人淬煉出更圓融的性靈。

然而身為教育工作者的她，最為掛心的還是大多數孩子們所處的教育環境，從親子關係到校園學習氛圍，甚至到整體社區提供的學習場域，只要與孩子的成長息息相關，都是小萍校長關切的重點。但她常能穿透表象，洞悉問題的核心。例如，她談到大人比孩子還在意成績的現象，就很犀利地質疑道：「孩子學習到底是為了誰？孩子究竟是要過他自己的人生，還是過我們想要他過的人生？」接著她很誠摯地建議全天下的癡心父母們：「我們需要讓學習這件事回到孩子身上。」

除此之外，她也一再顯現出看待問題的理性與深刻，例如針對孩子的學習困境與親子衝突問題，她主張：「管教一定要對治問題的本身，才會起真正的效果。」每位父母都要先從孩子的立場思考，深入了解孩子的學習類型，才能有效地提升孩子的學習力。而每次的衝突背後，究竟是大人的情緒控管問題，還是小孩的問題，這都值得每個大人常常反躬自省。

小萍校長的文字淺顯易讀，夾敘夾議中，可以領會到許多實際對治問題的方法。但更重要的是，期望每位讀者可以體會到她的誠懇與用心。身為一校之長，我相信她很努力想要扮演好的角色，必然是一座智慧型的橋樑，能穿透阻隔在親子之間、親師之間、師生之間那重重無形的迷霧與疊嶂；讓孩子快樂地成長，父母安心地放手，老師自信而愉悅地享受教學工作。

推薦序

在熱切與悠哉之間

親職教育工作者　楊俐容

幾年前為了社區和學校的合作方案，去拜訪剛接任北投國小的小萍校長。當時她一邊親手烹煮咖啡待客，一邊侃侃敘說教育理念，嬌小玲瓏卻充滿熱切情感的身影，讓幾位隨行的社區伙伴驚豔不已。

從事教育工作需要熱切的情感，教養子女如此，培育學生也一樣。在小萍校長的書裡，我們可以讀到，如「我有點想哭」、「我的擔憂太巨大了」這般，坦白率真的人母心情；也可以看到，像「讓教育擁有更多的想像」、「好老師要愛自己也愛孩子」這樣，令人感動的理念實踐。

從事教育工作還需要悠哉的理性。父母和老師的角色最大的不同，在於情感投入與理性認識的程度。父母對孩子有高度的情感投入是天經地義的事，而老師因情感需求的滿足主要來自工作以外的生活，因此情感投入較少；父母因自我涉入很深，視孩子如珍寶，以致難以理性面對孩子，老師則為情感距離稍遠，必須同時關照許多孩子，而能客觀解析孩子的需求與能力，詳細規劃孩子所需要的教育引導。

小萍校長說：「放手很難，但父母得學，要學會『相信』、要學會『等待』、更要學會『給孩子機會』……，要做到『把老師當合夥人看待、關心孩子學校教育不越界』」。她以十幾年現場教學、十幾年行政經驗所累積出來的理性態度，不僅在母職角色中發揮了實效，也在教育工作裡展現得淋漓盡致。

因為熱切，所以令人感動；因為悠哉，所以發人深省。看《減法的教育》，或許就可以體會如何在熱切與悠哉之間，出入自得。這本書不僅是父母可以輕鬆閱讀的絕妙好書，更可以做為家長瞭解學校教育、與學校攜手合作的最佳指引。

代自序

說自己的故事　修練人生的功課

從事教學工作二十七年，過去寫的大多是「教科書」，很少有機會說說自己的故事。成為老師、成為校長、成為父母，都是我人生重要的功課。也許我曾經在聯考時考了高分、通過了公務人員高等考試，還努力地考上了研究所；但是在人生的功課上，我卻常常覺得自己不及格！

我喜歡說話，喜歡找人聊天，透過說話、寫作來檢視自己，發現自己的不足。在女兒眼中，我不過就是個「大嬸」——常常發飆、不重形象，「校長媽媽」這個名詞，不是她們最想要或是最在意的。在同事眼中，我好像還可以親近，沒有那麼權威。在我的專業伙伴（國語科輔導團的姊妹淘）眼中，我是「小萍姐」，是可以說說笑話、分享心事及促進專業的大姐姐。在學生眼中，我是他們在FACEBOOK裡的好朋友，可以互相偷菜，還會到他們的網誌裡留言喔！

這本書的故事是我的故事，也是許多人的故事，感謝曾經在我生命中提供我思考及寫作靈感的好朋友們！再回頭看看自己寫出來的文字，又覺得應該還有許多部分可以修正。人生的功課與學習，是需要與時俱進的，要經常更新（Update）！事非經歷不知難，以前總以為「當老師」有什麼難？不過就是教教書、管管孩子嘛！真正當了老師，才知道原來要當一個「好老師」，還真得要有好幾把刷子。看別人當父母一派輕鬆，等到自己當了父母，才知道——那些書本上說的，大多不怎麼管用。

所以我說，親愛的讀者，每個孩子都是我們人生的功課，書本上說的都可以作為參考，提供一些想法或做法。但是，你的故事還是得自己寫，用正向、積極的態度「陪伴」、「等待」與「鼓勵」，是最值得投資的功課。

期待你我一起來！

目錄

第一章 陪伴不是栓住 19

第二章　成績，不是學校教育的唯一目的　57

第三章 順著孩子的天賦，而非順著爸媽的意志 121

第四章 書再好，孩子不讀也沒用

第五章 爸媽該如何與學校或教育體制合作？ 201

第一章
陪伴不是栓住

小小孩，需要爸媽的陪伴

現在台灣的社會環境，雙薪家庭很多，父母或者因為經濟因素、或者因為個人職涯的規劃，不一定能夠一天二十四小時，親自帶小小孩。

我自己是念教育的，又身兼母職、職業婦女的多重身分，我心中也會有疑問，父母陪伴孩子的量、以及是誰陪伴，對小小孩來說是不是很重要？

不過我可以確定的是，只要父母有機會陪在孩子身邊，那麼無論我們帶他去做什麼、親子間共同經驗到什麼，那些所謂「陪伴的品質」，絕對、絕對是非常重要的！

假日媽媽的憂慮

在孩子還是嬰幼兒的階段時，我是假日媽媽，委託在鄉下的公婆與保母分別照顧兩個孩子。因為工作的關係沒辦法把她們帶在身邊，而必須當一個假日媽媽，對任何一個母親來說，這歷程都一定有些煎熬與掙扎。

那幾年，每到周六（當時還未實施周休二日），我都會坐上中午12點26分的火車，到南部去看孩子。然後，再搭星期天晚上最晚的一班車，凌晨1點10分的列車回到台北，到台北時已經天亮了，我直接去上班。那幾年來，每周都是如此，即使懷了老二，肚子已經很大了，還是繼續這樣的行程。

煎熬的不只是每周假日這樣南北奔波，還有對孩子教養方式的理念衝突。

有一次我回去，看到公公、婆婆與小孩三人排排坐在客廳，目不轉睛地盯著電視。當時看到那樣的畫面，讓我有點想哭。公公婆婆愛看電視，那是他們老人家的娛樂消遣，但是我的孩子呢？我擔心她會變成由電視餵大的兒童！

回到台北，心中仍糾結著要不要接小孩上來同住的種種考慮，便去找人做心理諮商，諮商師的分析倒是徹底點醒了我。

首先，他點出我是一個忙碌的職業婦女，白天時可以找到比阿公、阿嬤更愛孫子的保母托育嗎？每天晚上，我跟先生下班都很疲累了，也許只想靠在沙發上補個眠，我們有把握對待孩子可以做得比阿公、阿嬤更好嗎？

其次，他問我，把孩子放在阿公阿嬤家的好處是什麼？我說：「因為鄉下空氣好，公公常會帶孫子去爬山、散步，退休的他們更有空閒的時間可以多跟孩子談天說話……。」我一邊說著，一邊重溫之前決定把孩子託給公婆帶的初衷，這些好處我不是沒有感覺，可是怕孩子成為電視兒童的擔憂太巨大了，掩蓋了以前看到的這些優點。

最後，我反省自己當天看到的畫面，充其量也不過是他們生活裡的某一個片段。身在台北的我並不知道，阿公、阿嬤是怎麼帶孫子度過這一天二十四小時，以及我不在她們身邊的每一天。

至此，我終於感到釋然。

也許阿公、阿嬤不一定能帶孫子多學習什麼，不懂如何想方設法幫孫子們刺激大腦迴路。不過，不管他們的教養方式是否符合現代的教育原則，至少，他們真心愛孫子，而我的孩子也可以得到健康的體魄，而健康，是再多金錢也買不到的財富！

重點是，多陪孩子一起出去玩

腦神經學家指出，一個人能夠長久留下來的記憶，都是源自於他生活中的美好經驗。所以只要我回鄉與孩子們相聚，通常會帶她們出去玩。

孩子還小的那幾年，每當放假時我回婆家陪孩子，星期日早上一定會帶她出去走走。我會推著娃娃車，載著小小的女兒，到離婆家很近的火車站看火車，指著「火車站」、「麥當勞」這些醒目的招牌教她認字，帶她看不同型式的火車，教她分辨自強號、莒光號、平快車有什麼不同，順便教她認顏色、數數；我也會帶她坐上火車，到前一站或是下一站，或是更遠到嘉義，讓她透過車窗看看鐵道沿路的風光景色，看看車廂裡形形色色的旅人。

這些都是生活裡微小的事，不是刻意設計的課程，或是精心安排的長途旅行，但依然能帶給她一些刺激，而且為她創造一些生活經驗、拓展視野。這些經驗，日後成為促進她成長茁壯的養料。

我覺得，健康、快樂、更多更多美好的回憶，對學齡前的小小孩來說才是最重要的，但小孩子們無法安排自己生活，需要父母幫忙創造。

因此放假時，父母得勤勞些，請不要每次都安排「睡覺」的活動，多帶孩子出去走一走吧！

學齡的孩子，需要爸媽陪他們一起學習

孩子進了小學後，學習變成他們生活中的最主要的一部分。除了學校的課程之外，很多家長也為孩子安排了才藝課程。

這個年齡階段的孩子，不再像稚齡的幼兒一樣喜歡整天黏著父母，他們開始會在意起老師、同學、好朋友，以及自己的成績表現。不過，他們仍需要父母陪伴，尤其是在「學習」這一部分。如果希望孩子喜歡學、學得好，身為父母的我們就需要花功夫陪他們學。

你知道孩子該學什麼嗎？

每個家長的想法不同，有些家長會為孩子安排各種學習課程，有些家長認為給孩子快樂的童年就好，不用學太多才藝。針對不少家長趨之若鶩的才藝課，我提供的良心建議是：家長要慎選，最好不要同時為孩子安排了七、八項才藝課，把他們的課餘生活填得太滿。

我自己的經驗是，除了刻意讓大女兒方方、小女兒之之及早接觸英語以外，我並沒有讓孩子去學很多才藝。她們上過的才藝課屈指可數，例如鋼琴課，以及老大特別上了兩年的打擊樂課程。

為什麼會特別讓孩子去上打擊樂課程呢？家人對我的選擇感到好奇。我的理解是，節奏感的培養對孩子來說很重要，而且方方跟我一樣，笨手笨腳，有一點兒手眼不協調，上這個課程能順便改善她的弱點。而之之本來就是個操作型的孩子，手腳較靈活，所以我就沒為她額外安排打擊樂的練習。

總之，不管你的選擇是什麼，希望孩子擁有快樂的童年，是需要父母的親身參與和用心營造的！

校長 PLURK

如何為孩子選擇才藝課？

才藝課既然不是多上多贏，該如何慎選呢？原則有二：

1家長得夠敏感，能看出孩子的潛能特質，得知道他們擅長與不足的地方在哪裡？這樣，我們才能為他們安排適合的才藝課程。

2要幫他們選擇學習環境，有一些會用「愛的小手」體罰孩子的才藝班，不管他們宣稱帶出來的孩子有多優秀，最好都不要把孩子過去，以免「打壞」孩子的學習胃口。

青春期的孩子，需要爸媽理性的溝通

很多人有疑問，青春期的孩子還需要爸媽「陪」嗎？因為你看到他一進家門就「砰」地一聲把房門關起來，一到假日就迫不及待地溜出去與同學一起看電影逛街，要約他一起去哪裡走走，都有各種理由推拖拒絕。

孩子的這些「青春期症候群」，有時候會令身為大人的我們感到有些刺心。現在的他與小時候那麼不同，過去那個總愛跟前跟後的小跟班，已經隨著時光流逝而消失不見了。

不要因孩子的青春期叛逆而氣餒

進入青春期的孩子，因為性荷爾蒙竄升，性格與行為可能都與以前所熟悉的那個乖巧孩子大不相同。但即使是看似彆扭反叛的他們，依舊需要父母的陪伴，只是此時大人的陪伴，需要多點「藝術」。陪伴大孩子的重點，在於跟他們談話時，父母是否能聽出他們心中想要表達的意思？在生活中，是否能夠找到親子可以共同創造的事物？

也許，孩子總是有很多自己的事要忙，也有想要保留的祕密，不想告訴大人。爸媽在此時先不要覺得受傷或氣餒，回憶一下自己年少時候的成長經驗，孩子的這些反應，都是人生某個階段的表現而已，並不會永遠都是如此的，不是嗎？

溝通前，爸媽也需要練功

孩子越大，交給他們自主思考、管理的空間也應該漸漸放大，討論的事情範圍也就會涵蓋學業及生活的大小事。例如在我們家，孩子需要補習時，我會坐下來和她們一起討論。是要上補習班呢，還是要請家教？它們各自的優缺點在哪裡？甚至包括家庭的經濟狀況是否允許等，都可以讓孩子知道，除了說明自己的立場與觀點，也讓她們抒發己見。

討論問題時，身為父母的我們必須具備以下的一些技巧與能力，這樣溝通起來才能更為順暢無礙，達到溝通的效果：

1辨識情緒的敏銳嗅覺

光是看到孩子的臉，你可以判斷他今天的心理氣象如何嗎？今天是高氣壓還是低氣壓？很 high 還是很 down ？然後再感覺一下，現在是適合討論事情的時間點嗎？對家長來說，辨識孩子情緒也許很不容易，卻很重要。

我除了會對孩子「察言觀色」之外，也會上網看看孩子的部落格，了解一下他們現在的想法是什麼？最關心的事物是什麼？多多蒐集這些資訊，有助於親子溝通時，聽「懂」他們在說什麼。

2不要傷了孩子的自尊心

我家方方念國中時，有一天晚上補習回來得較晚，當時家裡的大人們都有些緊張，直到她進了家門，全部的人才鬆了一口氣。方方臉上笑咪咪的，充滿光彩，她主動提起自己為什麼會晚歸，原來是她在路上遇到一個老先生，老先生遞給她一張名片，說自己是書法協會的人，請問她要開會的某國小怎麼去。方方一看，那所國小正是她所熟悉的，所以她就很熱心地主動帶他過去。

方方認為，她做了一件好事，而且那所國小的校長是我的舊識，她覺得這麼做，自己也算間接幫了一個長輩的忙，但是沒想到回到家後迎接她的，竟是一堆質疑與斥責。

「妳太不小心了！如果他是壞人怎麼辦？」

「名片又能代表什麼？妳不知道嗎，名片也可以造假！」

大人們你一言、我一語，好像她做了什麼天大的壞事，方方聽了受不了，躲進房間哭泣。

我進房間安慰她。其實，她做的是一件好事，只是不夠有警覺性。大人的出發點也是希望她顧慮到自己的安全，只是語言品質沒掌握好，加上當眾指責讓孩子的面子上掛不住，所以結局就變成使孩子傷心，卻沒成功傳達出大人的用心。

我想，如果當時家人第一句跟她說的話是：「妳做了一件好事，但是，還好妳沒遇到壞人。」如此一來，孩子聽在耳裡的感覺是不是就不同了？

說話，需要藝術、需要語言品質的修練。這品質的背後，也是一種同理心的展現，代表我們了解青春期的孩子跟我們一樣，甚至比我們更需要一種良好的自我形象感。因此在溝通的時候，父母一定要留意自己說了什麼，而這些話會不會傷了孩子的自尊心？掌握語言品質的課程，是爸媽的必修課之一！

3 善用幽默感調味

現在的大小孩喜歡講髒話，連女孩子也不例外。有一個時期，我女兒說話時總喜歡用一個「×」字開頭，我聽了覺得刺耳，就說：「哇，妳是個美少女耶，說話怎麼讓我的耳朵聽了很不舒服？妳要不要去刷刷牙清潔一下？」

女兒跟同學轉述她跟我之間的對話，同學瞪大眼睛：「哇，想不到校長媽媽會這樣說！」其實，我的反應大概與一般的家長無異，只是在言談中多添加了「幽默感」這一味。

跟青春期的孩子過招，幽默感是很重要的，偏偏我們這些家長對孩子說話時，就是很少有幽默感。也許是因為在過去的成長過程中，我們並沒有培養出幽默感，甚至也沒想到對孩子說話也要有幽默感，於是自然而然在與孩子的對話過程中，少了這點潤滑劑。

幽默感很重要，需要好好培養，如果身為父母的可以善用它，就能在一種輕鬆的情境裡，不失分寸地轉化親子間的緊張狀態。

4 換個環境談談看

有時候我回到家附近，會在外面打個電話給孩子，藉口說自己忘了帶某樣東西，請她們幫忙拿出來。拿到物品之後，我會邀請孩子「順便」跟我一起去辦事，也許就是在這一來一去的路途中，把一件重要的事情談完了。

我之所以要刻意離開家才跟孩子討論事情，是因為家中總會有某種氛圍，讓我們容易陷入慣性的思考中，如此反而不容易打開僵局。因此，找機會邀請孩子一起出去買東西、吃飯、辦事，利用在路上的時間，跟孩子好好談一談想要談的話題，也許轉換了環境之後，很多問題談起來自然迎刃而解。

5 父母也需要愛的抱抱

其實，不只孩子會有功課壓力、同儕壓力、成長壓力，父母的壓力更是多到數不完，有時也會感到身心俱疲。所以父母與孩子之間，需要一些私密的語言、私密的時間，雙方可以談一談不那麼嚴肅的話題，為彼此打氣，釋放一些心理壓力。

但是我要強調的是，這「私密」是一種感覺，因當時的心理需要而產生，最好不要由習慣來強迫養成（譬如，規定每天的幾點幾分是分享時間），我的方法是，抓住每一個有「感覺」的時刻。

在我家，外食的機會往往就是最好的私密時間，有時候周六晚上不開伙，全家一起出去吃飯，在一種「燈光美、氣氛佳」的情境下，感覺對了，就可以跟孩子聊一些私房話。當然是大人先開始分享，講講自己這個禮拜遇見了些什麼事，有一些什麼感覺……。別擔心孩子聽不懂，他也許沒有那些人生經驗，但我往往從孩子的回饋中發現，他們其實比我們想像中的要懂事許多。而且透過這私密的分享，他們將會知道父母的心情、知道父母不是聖人、知道再大的人，也需要「愛的抱抱」。

6 祕密≠謊言

青春期的孩子，有時表現酷酷的，不愛跟父母說話，開始會想要保留一些自己的祕密，刻意地隱藏些什麼。也許他的好朋友都知道了，就是只有父母不知道。

很多家長對孩子的祕密感到擔憂，深怕他們在父母不知情的情況下走上歧途，所以有些父母會去偷看孩子的日記，想要知道他們的悶葫蘆裡到底賣什麼藥。但這種偷看的行為是很危險的，需要很堅強的愛才不會破壞彼此的感情。而且，我覺得，如果父母想看，何不跟孩子討論過後，光明正大地看呢？

搞不好孩子當時心情好，願意給我們看；又或者他現在不願意，但以後有可能會改變主意，所以我們可以有技巧的說：「我知道你『現在』不願意給我看，之後等你心情好點了，我們再商量看看。」

關於孩子的祕密，我的想法是觀念需要先釐清：他們沒說，不代表他們說謊。沒說的意思是「還沒準備好要說」，說謊的意思是「說了不該說的話」。孩子現在不說，不代表我們就要放棄努力、隨他去。我的方法是持續地溝通，告訴孩子我希望他能告訴我發生了什麼事，並且讓他知道，如果隱瞞我，可能會導致什麼後果。

孩子說謊，的確是較嚴重的問題，但此時與其一直生氣地責備他，不如花功夫去釐清孩子說謊的原因，以及他為什麼要對我們說謊？找到原因之後，才能對症下藥，也許因為這個契機，親子之間反而找到了可以溝通的方法。

其實，孩子是我們的老師！

有時候，孩子會在 msn 上跟同學即時轉播說：「我媽現在發飆了……。」

我並不是聖人，無法百分百地克制自己，面對工作、生活裡的大小事，負面情緒累積到一個高點，加上孩子犯了我無法忍受的錯時，真的也會「發飆」。

家長開始情緒失控、爆發一些情緒性的言詞或行為，會暫時破壞之前和孩子建立的良好關係。但孩子們的存在卻常常會逼迫我們面對自己性格裡的陰影與不足。譬如我的孩子聽到我的言語失去控制時，會理性地提醒我：「妳現在失控了！」這點我自己也知道，所以我就說：「好，我現在不講話，但是等一下，我還是要找妳好好地談這一件事。」（我的堅持是，面對孩子，即使我們的態度再開明，有些原則仍然要堅持住，就算是吵架的時候，也不能例外！）

其實，就連爸媽自我修練語言品質的課程，也可以多多向孩子請教。利用孩子心情好又有空的時候，親子間可以模擬一些溝通情境，然後問問孩子的意見：我這樣說好不好？怎麼樣說會更好？我的經驗是，孩子的回饋總是超乎想像，孩子不僅是我們的好幫手，更可以是我們的好老師！

少點擔心，親子更親密

我女兒的同學常說她有一個「很鮮的媽」，也有人問我，為什麼常能夠「不擔心」，輕鬆看待孩子的大小問題？

要事先說明的是，我是凡人，面對孩子，當然也常會有擔心、不捨的感覺，也許差別之處僅在於，我沒把太多的注意力放在「擔心」上面。但是不常去注意「擔心」，不代表生活中就沒有令人擔心之事。

最壞的情況，宛如青天霹靂！

以我的二女兒之之為例，她小時候身體很不好，出生才五十六天，就住進加護病房。那次去住院的原因，至今仍無法解釋。有一說是，她的八字太輕，會聽到某些聲音，而且完全不能經過別人正在辦喪事的地方，否則她就會生病，發燒、嘔吐，什麼都來了。

當時她病得太嚴重，完全不能喝奶，所以我們趕緊把她從斗南的保母家接回台北，送到醫院檢查。當時奔走了好幾間大醫院，進行各種檢查，但病因並不明朗。醫生見她都不能吃，大筆一揮說這孩子需要住院，我們聽到時，腦中一片空白，只能手忙腳亂地趕辦手續。於是之之在還沒滿兩個月大時，就被送進了加護病房。護理長偷偷告訴我要有心理準備，最壞的情況是，孩子得住院用鼻胃管餵食到一歲左右。聽到這消息有如五雷轟頂，身為母親的我又能說什麼呢？也只能「喔」的一聲，認了！

還好，最壞的情況並沒有發生，她慢慢地自己好了。不過成長過程中，之之還是上演了好幾次突然間病倒的恐怖戲碼，嚇壞身邊的大人，多虧她的保母會收驚，運用這類科學無法解釋的方法而化險為夷。

面對孩子這種不可解的病，身為母親的我當然會很擔心，尤其當孩子由加護病房出院時，那種感覺就像是撿回她一條命一樣。當孩子沉沉睡在我身邊，我總會下意識地去探探她的鼻息，看她還有沒有呼吸。

擔心可以解決問題嗎？

擔心，是每個父母都免不了的，對於孩子，我們很難真正的放心。但是「擔心」到底有沒有用？值不值得我們花很多時間在那上面？則很值得商榷。

以照顧之之的經驗為例，她小時候是很能叫人擔心的孩子，不僅偶爾會有疑似「煞到」的急症，而且還有過敏體質，大病小病不間斷！如果，我真要把注意力放在「擔心」上，那真是會急到頭髮都白了，還擔心不完呢！

所幸的是，我沒有這樣選擇。

照顧之之的經驗告訴我，父母的注意力主要應該放在找出解決問題的方法上。譬如醫師告訴我，這孩子是過敏體質，要小心照顧，我就想方設法，避免可能的過敏原；當她突然又疑似「煞到」時，就趕快帶她去收驚，或是去看病。只有這些解決方法，才能緩解她的症狀，光是想像很多情況、很擔心，並沒有太大的幫助。

既然擔心是父母的本能，要如何才不被擔心所控制？

我的方法是不斷地跟自己對話，檢視自己目前心中的正向能量與負向能量，負向能量難以避免，但是我隨時會提醒自己，要想辦法加強自己心中的正向能量。

譬如我看到女兒滿江紅的成績單時，也會生氣、難過、緊張，但是除此之外，我還能夠想什麼辦法解決這個問題？多跟她談一談、了解她考不好的理由？還是幫她找補習班、請家教？

永遠把注意力放在尋找對治問題的解決方法，而不是把力氣耗在擔心上，這樣，擔心的魔咒就會失去力量。

這需要練習，一再地演練，使它成為一種內在的習慣。不僅是面對親子關係，在職場工作、在其他人際相處上，也都是事情來了，就承擔它，然後去找解決的辦法。但如果這件事暫時無法解決，就選擇放下，靜待日後時機成熟再說吧！

有效的行動才能帶來改變

網路上有一篇佳文流傳，標題為「你不能把香蕉皮罵進垃圾桶」。意思是，如果希望香蕉皮進入垃圾桶，還是必須走過去，把它撿起來丟進垃圾桶裡，用罵的無法使香蕉皮移動半步。這不僅是針對香蕉皮，對你我的孩子，也一樣適用。

所以，省下擔心的力氣吧！把注意力放在尋找解決之道，你會發現自己變得更有自信、輕鬆、有活力。因為，解決問題的過程會讓你終於知道，絕大部分的教養問題都不是無解的，你跟孩子之間，也不可能永遠存在「最遙遠的距離」！

獨立為什麼很重要？

我是這樣長大的

我的父親是外省人，一九四九年的時候，跟著國民政府一起從大陸撤退來台灣。中年的他遇見了我年輕的母親，兩人結婚以後，落戶於當時台灣某個尋常的小眷村。所以，我是眷村的孩子，小時候常看著著軍裝的父親於家中來來去去。他是職業軍人，薪餉微薄，但工作穩定。大半生飄泊的他，對母親是疼惜的。

母親是家庭主婦，待在家中照料我們三個姊妹、做些小手工貼補家計。所以，這個家雖然不富有，但算是溫馨和樂。我後來才知道，那幾年可能是母親這一生中最幸福的時光。

七歲那年，父親走了，因為癌症。而當時守寡的母親，只有二十九歲。至親驟然離去，這種死亡經驗對一個孩子的撞擊力道很深，讓我很小就體驗到，什麼叫「人生無常」。

我是老大，底下還有兩個妹妹，失去父親這座靠山，目睹其實還年輕的母親陷入愁雲慘霧當中，使我很早就鞭策自己要盡快長大獨立，才能分擔母親肩頭上的沉重負擔。

然後，母親迫於經濟困境，帶著我們三姊妹改嫁給父親的朋友，於是我們又有了新家庭，而且添了個弟弟。但因為母親是二嫁，繼父與她、與我們之間的隔閡與摩擦時有發生，家裡常見爭端。這些家庭糾紛都消磨著母親，使她身心疲累，越見蒼老。

我眼見她這一路操心、受苦的人生歷程，所以直到現在，她一直是我最不捨的人。

念師專四年級時，「無常」再度來敲門，繼父因病過世。一座靠山再度轟然倒下，一家的經濟頓失依靠，而且直到他走了以後，我們才知道家裡其實是背負著債務的。

雖然我當時才十九歲，但已比十多年前，失去親生父親時長大許多。而且舉目望去，母親缺乏職場工作的能力，三個弟妹年紀又更小，即將成年的我，理所當然地必須扛起家庭經濟重擔。

還記得當時是一九八二年，我一人兼了七個家教，從禮拜一到禮拜天，天天工作，沒有休假。所以，我那時一個月就能賺到九千元（當時一般老師的月薪大約是一萬兩千元），這些錢供家用，也供弟弟妹妹讀書，直到他們大學畢業為止。

因此，我很年輕的時候就在經濟上達到「自立立人」的階段，算是初步完成了「獨立」這門課。

留給孩子什麼最好？

現在家庭教育上很大的問題是，很多父母自己沒長大，也不想讓孩子長大。但如果父母總是捨不得、無法放手，孩子要如何成為一個「獨立而完整的個體」？

所以我常跟身邊的朋友、學校老師和家長們分享，越早讓孩子獨立，對他們的幫助越大。因為我的人生經驗顯示，年少時要擔負的那些「超齡」責任，當下也許感覺辛苦、也許滋味苦澀，但是卻能讓人充滿力量，相信自己有無限的可能。

若父母總是幫孩子做太多、承擔太多，那些「可能」不就沒有發展出來的需要了嗎？因此，現在社會上有不少已成年的年輕人，還像個割不斷臍帶的小孩一樣，繼續在家「啃老」當個「尼特族」。永遠當個小孩子，那滋味肯定不好受，但，是誰剝奪了他們長大的權力？

我覺得，父母對待兒女，首要就是善盡自己的責任，等到孩子長大了，放手讓他們離家去發展，而不要幫他們擔責任，否則擔到「無常」來敲門，我們死而後已，但是孩子仍須繼續活在這世界上，那孩子該怎麼辦？

所以，父母留給孩子什麼最好？

以我來說，眷村出身的我身無恆產，職業只是一個公務員，又不懂投資理財，所以我沒有辦法留給孩子一大筆可以終身依靠的財產。我唯一可以留給她們的，就是陪伴她們健康快樂地長大，提供機會讓她們盡早完成「獨立」這門功課，讓她們有能力，自己面對人生中的所有風風雨雨。
我覺得，這才是父母留給子女，最有價值的「恆產」。

離家，獨立的開始

很多人看過龍應台的《目送》，所有身為父母的人都能體會那種微微的酸楚：目送正要啟程到某處，已經長大的孩子背影。他們的背影總是俐落乾脆得近乎無情，與牽牽絆絆的我們不同，那背影提醒著我們，他們已經長大了。

我的兩個孩子，一個在高中時候，一個在國中時候，都曾讓我體會過「目送」的滋味，而且是我刻意安排機會讓她們離開我的。

為什麼要刻意安排這些機會呢？是為了訓練孩子獨立。

而讓孩子離開父母參加營隊，是我用過最有效的方法之一。

離開我，遠渡重洋

女兒方方是老大，父母對於人生中第一個孩子會有較多的擔心，也會比較謹慎，再加上她的個性比較依賴，所以一直到她高一升高二的暑假時，我才安排了個機會，讓她離家生活一段時間。

我幫她報名參加以內壢高中為主的校際遊學團，到洛杉磯遊學。出發的那天，我親自送她到機場，隔著玻璃看她出關，過去向來都是跟在我們後面，要媽媽陪或爸爸陪的女兒，自己扛起行李，和同學一起說說笑笑地通過海關，沒回頭再看我一眼。

雖然早有心理準備，但是看著她的背影，我還是忍不住紅了眼眶，覺得十分不捨。父母的心情總是會習慣性地牽牽掛掛，但擦乾眼淚之後，我也看到孩子已經長大了，是到了該放手的時候。

雖然她遠在國外，不能天天打電話，時時刻刻確定她現在的狀況，但我還算放心。這心法很簡單，就是「相信」孩子，相信她有能力處理生活中所有大大小小的事。

另外，我在事前也對這個遊學團有充分的了解，譬如除了有當地的老師帶領外，內壢高中也派了老師隨隊……，這是父母親把孩子交出去前，事先要做的功課。

父母需要確認舉辦活動的機構是合法的、人員安排是周詳的、活動內容是符合教育原則的。我們應該提供給孩子一個相對安全的環境，讓她有機會離開父母獨立生活，但又不會陷入危險的情境中。

離開我，四天三夜

老二之之是一個喜歡自己動手做的孩子，也常有很多自己的想法。因為我有過帶第一個孩子的經驗，所以帶她時在心境上放鬆多了。加上她的個性也比較獨立靈巧，所以在她國一升國二時，我就讓她跟朋友兩人，一起搭火車回鄉下爺爺家度假。

這次回爺爺家的時間共四天三夜，過程中從上網查火車時刻、票價、訂票、取票、行程安排等，都是兩個孩子自己來。兩人討論集合時間，哪家的大人送、哪家的大人接，要穿、帶什麼，她們都自己搞定。說真的，我很感謝她朋友的父母，我們並沒有太熟的交情，但是他們願意把孩子交到我們手上，讓她跟之之一起完成這趟旅程。

當時我送兩個孩子上火車，在火車站，看到南下的自強號緩緩地駛離台北車站，揮動著手直到孩子消失在我眼前才肯放下。突然，又有種想哭的衝動湧上心頭。

依然會感到擔心與不捨，因為孩子在父母心中永遠年紀都很小，以前回爺爺家，她都是跟我們在一起，這次這兩個小孩子會不會在火車上遇到壞人？會不會睡著坐過站？——母親的腦海裡，自然會浮現很多「恐怖」的畫面。

但是，我又分明看到她們在火車上玩得很開心，一直打電話過去，她也會嫌我煩……。所以，再一次地，我看到孩子長大了，可以放手。

放手很難，但是父母得學，要學會「相信」、要學會「等待」、更要學會「給孩子機會」……。課程很多，所以，父母這張執照真的不好拿！我們在當父母的過程中，也不斷需要反思、學習、成長，這過程，會讓我們的生命更有份量！

你嚐過孩子親自烹調的「幸福」嗎？

翻到此頁的父母們，有幾位吃過自己孩子為全家打理的一餐呢？我想一定有，但比例可能不是很多。如果你曾經吃到孩子為你料理的一餐，應該可以體會那種帶了滿滿幸福感的美味。即使是米其林等級餐廳裡的高檔美食，也難以比擬。

我算是一個幸福的媽媽，因為，我曾嚐過那種美味。

孩子願意做，是爸媽的幸福卻不是幸運！

有一次我們全家從鄉下回來，身為「煮麵達人」的女兒主動說，她要煮咖哩麵給全家吃，平常負責下廚的我，聽了當然很高興地拍手叫好！

女兒在廚房裡洗洗、切切、煮煮，忙了半天，親手煮出四碗熱呼呼、冒著熱氣的麵，擺在餐桌上。那時候，正是略帶涼意的秋天，吃下熱熱的咖哩麵在胃裡，不僅有飽足感，還能吃到女兒為家人烹調的心意，那種感覺，真的是既溫暖又幸福！

能吃到孩子親手煮的料理，是幸福但不是幸運。女兒能夠做而且願意為我們做，關鍵點是，從小到大，我常讓孩子在日常生活中自己動手做。家事，並不是專屬於母親、父親或是菲傭的，做家事並非浪費時間，它是孩子練習獨立的重要一步。

讓孩子做家事，好處一籮筐

我覺得與孩子一起做家事，操作的過程就是親子建立親密感的最佳時機。父母只要注意安全，譬如不要讓他們被廚房裡的熱湯、爐火燙到，就可以讓孩子盡情發揮。

做家事也可以拓展孩子的生活經驗，否則現在e世代的孩子絕大部分的生活經驗都是從電腦上得來，那實在也很恐怖！

我就曾聽說過一個真實案例：媽媽接到出國留學的成年孩子的電話，問媽媽香蕉該怎麼吃？原因是這位媽媽太盡責了，從孩子小時候給他吃香蕉，都是把皮剝好、切好才交給他，直到他長大、出國為止。因此，當一根黃澄澄、完整帶皮的香蕉擺在他眼前時，他竟不知道該從哪裡下手了。

所以，在我們家，即使孩子們都要面臨升學考，功課也不少，我還是會藉機請她們去洗洗米、摺摺衣服等。即使再沒時間，還是可以利用零碎時間參與家務。父母不用太能幹、凡事包山包海，有些事情留給孩子做，讓孩子在家裡也有發揮的空間，不是很好嗎？

可能是因為我的孩子們這樣一路被我訓練做家事長大，所以現在在朋友圈裡，也算是小小的「手作達人」。譬如她們現在正著迷於做巧克力，自己去買黑巧克力回來加熱熔化了，淋在泡芙上，就可以做成送給同學朋友的生日禮物。這種自己親手DIY、獨一無二的禮物，使餽贈的情意更加倍！

校長 PLURK

孩子叫不動怎麼辦？

孩子有時候也會叫不動，針對不同的原因，我們可以有不同的做法：

1 **當他們正在專注地做某件事時**：此時，父母親就要識相點，別在此時一直在旁邊碎碎念，而是要靈巧地找機會見縫插針。譬如，利用他們閒下來沒事做的時候趕快提出邀請：「現在我們一起來做××事吧！」

2 **孩子偷懶，覺得只要有人做就好**：這時父母可以耍一點心眼，譬如我知道孩子們很會摺衣服，也喜歡衣物整理得好好的樣子，我就故意給她們摺得亂七八糟的，她們看了覺得礙眼，就會自己重摺了。

第二章

成績，不是學校教育的唯一目的

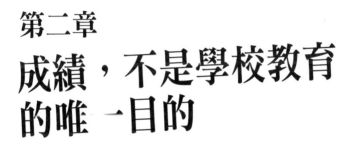

為孩子選一所名校、找一位名師？

我是體制內學校出身的小孩，沒有越區就讀，一直都是念學區內的學校。家裡沒有錢、也沒有辦法選老師。正因為我是這樣長大的，所以孩子們也是念離家近的一般中小學。

我的觀點是，學校離家近很重要，否則孩子花很多時間在通勤上面、不能多睡一點，這樣對他們的學習發展並不一定好。

孩子上學，離家近就好

以我自己管理學校的經驗來看，任何一所學校，即使是辦學再認真、再有名的學校，都會有好老師，以及不那麼認真的老師，反之亦然。所以，每一個孩子都要學習去面對不同的老師。而且別人口中的名師，也未必適合你的孩子、未必符合孩子發展上的需要。所以，與其讓孩子去追名師、追名校，倒不如讓孩子好好睡覺，念離自己家較近的學校。

父母想要幫孩子安排最好的學習環境，是人之常情，但是我們能幫孩子安排到什麼時候呢？孩子長大以後，我們也沒辦法幫他選老闆、選丈夫或太太，就算是都幫他們選了，事情的發展也不一定能如我們所願。無論是大人或孩子，碰到問題時都要去找方法、找策略、解決問題，並且在解決問題的同時培養實力。放諸四海來看，哪一個成功的人沒走過這樣的路呢？

所以，我的想法比較類近於盧梭的自然主義，孩子在什麼環境中成長，就要能適應那個環境，要能自己長出適應環境的能力。沒有遇到好老師，就代表孩子要學會去面對這樣的老師，孩子這一路上就是要遇到很多「機車」的人、很多「機車」的事，他才有辦法成熟長大。

因此我也不會去學校幫忙孩子打點這、打點那，而是希望她們跟別人一樣，有過瘋狂、有過衝擊、有過洗禮。年輕的生命就是需要去闖蕩，才能撞擊出美麗的火花。

生病的老師讓大家上了一課

別人口中不好的老師，對孩子也不見得不好。

聽說曾有一位老師有情緒方面的問題，儼然是躁鬱症的患者了，大家都說這個老師不好，校方也希望能換掉這個老師。於是召開很多次家長會協調，希望徵求家長們的同意。

奇怪的是，他班上的家長雖然知道老師有問題，卻堅持不要換掉他。

這老師顯然已經沒辦法好好管理班級，班級裡的小孩秩序不好、環境髒亂。可是班上孩子的感情卻很好，面對學校的壓力時，孩子們甚至幫這位老師掩護他的缺失。

當老師不行的時候，有些比較有能力的孩子就自己出來擔任「副老師」的角色，會去教、控制那些脫序的孩子。家長們也動員起來，幫忙掃地、說故事、協助老師照顧學生。校方看到家長與學生是這麼強烈地希望老師留在班上，最終也決定出手相挺，把他教的課分一些出來，請別的老師來上，減輕他的負擔。

於是，兩年走完了，這個老師順利地把班級交接出去。這個結果也許不是最好的，但是他與孩子、家長、學校，總算是齊心協力地把一個階段的工作完成了。

大家應該如何看待一位生病的老師呢？老師也是人，會生病、需要幫助，當學校、家長，甚至學生都動員起來幫老師把這個班級撐住時，反而產生了意外的效果。

這個案例讓我了解，處理事情不一定是非黑即白，也不存在著怎麼樣處理就一定是最好。一個生病的老師反而帶動了大家的成長，這也讓大家都上了寶貴的一課。

使孩子的老師成為好老師

家長都希望自己的孩子能遇到好老師，但是好老師可遇不可求。所以，我們應該換一種思維，就是幫助自己孩子的老師，讓他有機會成為一個好老師。

以我朋友的女兒為例，她的老師為了要讓孩子多懂一些成語，所以規定學生每天都要背二十個成語，還要考試。學生們覺得苦不堪言，某些學生最後只好以作弊來應付老師。

發生作弊事件後，我跟朋友一起幫這個老師想了幾個策略，幫助他改變教學法。他後來上課時改用團體競賽的方式，讓不同組別的學生比賽回答成語問題，這樣孩子背成語時就產生了強烈動力。孩子學得開心、老師教得有成就感、家長也得到自己想要的結果，這樣不是三贏嗎？總比在學校吵架好多了。

我處理過很多家長對老師申訴的個案，有些老師的問題很明顯，大家有共識應該如何處理；但有些老師是屬於比較有爭議性的，譬如說他對學生的要求很嚴格，有些家長很喜歡，但有些家長就對他說的每一句話都覺得無法認同。很認同「嚴師出高徒」的家長，覺得這是一位好老師，但是有其他教育觀的家長就可能認為那是一位不適任的老師。真相到底是如何呢？這世間恐怕不存在著統一的標準。

選擇什麼學校最好？

其實，只要是對教育有一點想像、有一點理想的家長，面對孩子要入學時，都會有一點徬徨、有一點難以取捨。因為，目前台灣教育現場的現實是：沒有一所學校、一種教育體制是盡善盡美的。一個媽媽告訴我，孩子在上小學前，她自己花了一整年的時間，看遍了北台灣的小學！不只是整個台北市的公立學校，也包括私立學校、森林小學，這位勤勞的母親甚至遠征到山上海邊去看特色小學、到宜蘭去看實驗學校。其實只要稍微問一下身邊的人，就會發現這樣的媽媽還不少，只是程度上有差別而已。

這些家長擔心孩子念了體制內的公立學校，孩子的創意可能會被限制，學校教學可能不夠活潑、學生的資源過於分散。唸了私立明星學校，又擔心學校對孩子成績的要求可能太繁複、孩子彼此間的競爭從課業延伸到才藝，孩子的負擔恐怕太重。如果讓孩子念實驗小學、森林小學，上國中時可能無法銜接課程內容，將來也可能無法適應體制內的教學方式……。東看西看、東找西找之後，煩惱又回到自己身上：自己到底要不要給孩子快樂的童年？萬一快樂童年的代價是失業的中年，那該怎麼辦？

其實，不管是體制內還是體制外的學校，也無論是否是明星老師、明星學校，對孩子來說，這些都不是真正的關鍵。真正的關鍵是，我們做父母的是否能接受孩子要走自己的路？是不是能接受孩子在學習的路途上，不一定每一步都獲得成功？如果大人們能夠時時反省，清楚看到自己，也清楚知道自己養兒育女的目的，讓教育擁有更多的想像或實現理想的空間，那麼孩子不管在什麼環境裡學習，都可以學得很好。

逛學校有門道，事前一定要做功課！

到底怎麼樣的學校才算是「好」？家長為孩子選學校時該掌握什麼要點？我的建議如下：

1了解自己的孩子：所謂知子莫若父、知子莫若母，與其聽從專家的推薦或複製別人的成功經驗，不如花點時間好好瞭解自己孩子的性格與學習型態，這是

校長 PLURK

為他選擇學校的基礎功，絕對不能忽略。

2清楚各類學校的特質：實驗學校強調的是開放教育；某些私立明星學校則是以升學、培養菁英為主要考量；公立學校是為普羅大眾所設置的，一定能滿足教育上的最低需求，而且教改之後，各校也逐漸發展出自己的教學特色。這些不同的學校沒有絕對的好壞，重點就是要多方接觸、多方瞭解，找尋最適合孩子「氣質」的學校。

3多打聽口碑：若一所學校的校長有教育理念，也培養出自己堅強的教師團隊，這樣的學校就應該是不錯的。如果是要在學區內的學校中尋找，那就更簡單了，多跟鄰里間的其他家長交流、多多打聽該學校的口碑，相信在口耳相傳中，一定可以得到有用的資訊。

學校裡，學業成績才是王道？

學校裡，究竟什麼是一定要讓孩子學到、學好的？

很多人，不管是大人、小孩，不管嘴裡的答案是什麼，心中第一個浮現的答案都是：學業。這也是為什麼教改喊了這麼多年以後，學生的升學壓力並沒有隨著廣設高中大學或升學考試制度的改變，而獲得根本紓解的原因。

學業當然很重要，但是有一些價值觀的建立，還是應該要排在學業之前，而且如果不從小建立這些價值觀，等到孩子長大，一切都定型以後，就很難改變了。曾經聽過一個故事，值得所有的家長、老師深思：到底什麼樣的教育，對孩子來說才是最重要的。

待人接物，才是重要的學習！

在一場重要的學術研討會中，有記者訪問一位諾貝爾化學獎得主：「對您而言，最重要的學習是在哪一個階段發生的？」

他的回答令在場的媒體記者感到錯愕：

「我覺得，我最重要的學習是在幼稚園裡上課時，老師教我的：對人要有禮貌，要常把請、謝謝、對不起放在嘴邊，拿了東西之後，不使用時要記得放回原位。」

大家無法想像，一個那麼有成就的人，多年來最放在心上的，竟然是幼稚園老師的生活教育。儘管學業上的學習、學術上的成就讓他發光發熱，但是童稚時期最平常、最微不足道的生活學習，卻展現在他每天的待人接物裡。

所以，什麼教育對孩子來說才是最重要的？這答案應該有了一點輪廓。

誰比較想要第一名？

身為校長，對於家長在意孩子成績的程度時有體會。譬如在台北市，學生畢業時除了有成績優異的市長獎之外，還有個「特殊表現市長獎」。我曾遇過家長非常希望孩子能得到這個獎，為了得獎搶到斯文掃地，甚至到學校吵鬧，質疑孩子過去一、二、三、四年級老師的給分是否公平。

每次看到這種情形，都讓我覺得不可思議，不知道為什麼這些家長這麼在意孩子有沒有得到市長獎？我自己從小到大，也沒有得過市長獎，但是並沒有影響我長大後考高考、考研究所，以及進入社會後的工作表現。就因為我自己是這樣成長過來的，所以我也並不在意孩子們是否可以在畢業時，拿到什麼特殊獎項。

也許孩子聽話地拿了很多第一名、很多獎，但他們不一定知道自己的生活目標是什麼、人生的意義在哪裡？於是有個令人心酸的社會新聞事件就這樣發生：某個優秀的學生，一路都是第一名，也第一志願地上了台大。但是當他拿到大學裡最後一學期的最後一個第一名之後，卻選擇站在樓頂，拿著成績單對母親說：「這是妳要的第一名，給妳！」說完就從樓上跳下去。

真心建議家長，不能一直要求孩子要考第一名，因為孩子在不同的學習階段都會碰到不同的困難，而且以人類整體的發展來看，孩子各種能力的學習本來就是有時候快、有時候慢，有時候甚至會停滯不前。家長若要求孩子一直要

「等速率」前進，其實是不符合現實的。

我們總要相信，孩子會有自己發展的進程與步調，所以，我們需要以更符合現實的認知，來看待孩子成績單上的分數。

分數背後的意義

身為家長、老師的我們，的確要在意孩子的成績，但我們在意的，應該是孩子長遠的成績。當我們看到孩子的成績單，看到這張考卷上的成績數字，首要應該去探究的是：「這分數代表什麼意義？」

我女兒之之的強項是英文，有一天她回來跟我說，她這次英文考不好，只有89分。於是我問：「你們班最高分的是幾分？」

「91分。」之之說。

「有幾個人得91分呢？」

「只有一個。」

這樣一問，答案就很清楚了，89分也許不是很好的分數，但是在班上，也許已經是排名前三的好成績了。如果我們只在意分數，就無法看出這張考卷顯示的意義。也許，這張考卷其實很難，大家都栽跟斗，所以分數就不大好看。

看到孩子成績單上的分數，爸媽腦中的第一個念頭不該是「孩子考得好不好」，而是要釐清：「在他現在這個階段，該會的是不是已經會了？如果真的不會，那他不會的地方在哪裡？我們是否可以想辦法幫助他，在現階段把不會的部分加以克服？」

否則，如果只在意分數的高低，最大的損失就是，可能會錯失看到孩子正在進步的機會。更嚴重的是，一直被我們責備的孩子，也無法對學業燃起信心與熱情！所以，家有學齡期孩子的父母，真的是比較辛苦，需要多花點心思「讀懂」孩子成績單上的分數，這些分數才能真正發揮作用，輔助孩子在學習上更進一步！

校長 PLURK

讀懂「評量」的意義

目前世界上的評量學理已經發展到第四代，現代的觀念已清楚指出，評量是為了測出孩子的真實能力，這能力一部分是顯示孩子跟自己的比較，另一部分則是顯現在他跟同齡孩子的比較。

所謂跟自己比較，包括跟現階段的自己比，也跟過去的自己比。因此家長應該先充分了解評量的意義，而非只看分數來評斷孩子的學習。

收到失控的成績單，怎麼辦？

不知你在看到兒女成績單的那一霎那，心中第一個感覺是什麼？是高興、是驕傲，還是因期待落空而感到失望，還是一腔怒火熊熊燒起、直衝腦門？你感覺自己就要控制不住，就要對孩子大聲咆哮了嗎？

大概有將近兩年的時間，方方讓我看到的大多是會令人「腦充血」的成績單。握著成績單，我總是必須深吸好幾口氣，換個想法來轉化暴升的怒氣，才能避免因失控而口出惡言，打壞長年經營的親子關係。

社團變主業，學業成副業

方方念的是以升學為主的普通高中，想當初，她也是高分考進去的。但是當她開始接觸社團後，情勢丕變，學業成績就像溜滑梯一樣，迅速下滑。原因很簡單——她在社團裡花的時間比讀書的時間還多。她不只是參加社團而已，還當上了社長，要規劃、籌錢、準備道具、籌備演出，還要為團員規劃寒訓、活動等，每天每天都忙得不得了，有時比媽媽還要忙！

基本上，我是支持她玩社團的，譬如她找不到場地做寒訓，我也曾幫她租借場地。我也知道玩社團會耽誤功課，所以雖然沒辦法幫她讀書考試，但也想盡辦法幫她補救，譬如請數學與理化的家教幫她補習。

但是，她的學業成績還是沒有起色。

眼見她社團的事一波波來，她的確沒有時間念書，也沒有心思念書！以我當母親的心情及一個過來人的經驗，當然希望她此時還是要以學業為重。但她已經不是可以聽我擺布的嬰幼兒，她長大了，有自己的想法與堅持，也不可能因為我的責罵就能馬上改變。所以，現在變成是我的問題，面對這樣的她，我該怎麼辦？

深吸好幾口氣後，我想起這條好用的信念：面對困境，既然無法改變事實、無法改變別人，就只有改變自己的想法。

想當年，我也很愛玩

我回想了自己年輕時的經驗，我也曾是社團的活躍分子啊！

當年我讀的是台北市立女師專，讀這所師專的最大好處，就是畢業後分發的學校，都會在台北市的範圍內，不至於分到太偏僻的地方去。於是我曾經跟同學一起坐公車，去看當時北市最偏遠的幾所學校，看到有些有宿舍、游泳池，環境還不錯，就安了一顆心。心想：就算書讀得不好、成績不好，最遠最遠也不過被分到這裡，而這裡看起來還不錯啊！

最壞的情況不過如此，就沒什麼好擔心的了！於是接下來我就開始努力地玩，曾經一個學期參加九個社團，還利用假日跟同學去學素描與國畫，寒暑假時就去參加救國團的活動。當然，我也泡圖書館，但都不是去讀教科書，我看的大多是偉人傳記、尼采哲學等各式各樣的書，閱讀量很大，但就是不多讀課堂裡的書。

專三的時候，我正式加入救國團，到升專四的時候選上學生活動中心的副總幹事。那時的我已經算是學校裡的名人了，然後又當上「官很大」的國民黨區黨部常委。那時覺得每天的生活都多采多姿，青春就該是這樣恣意揮霍！

但是，沒好好讀書的後果還是躲不掉，升專四那年有一科被當掉了，全班都及格，只有我「55分」。那時被當掉的人，姓名都會被公布在公布欄上。由於我小有名氣了，被這樣公布出來，每個人見了面都會問：「妳怎麼了啊」，感覺真的很丟臉。

我在心裡問自己：我怎麼會讓自己走到這個地步呢？我不是一個很會玩又很會念書的人嗎？怎麼會讓自己被當掉呢？

就從那時起，我改變了對「讀書」的想法。我開始努力念書，名次衝到全校前幾名，這記錄一直維持到我後來插班考大學、考研究所，甚至考高考時。

正因為自己在求學的歷程中有這樣的轉折，因為一個挫折、一個契機，完全轉變了對學習的想法，所以現在的我反省自己，為什麼不能把這樣的經驗套用在女兒身上，而一定要用世俗的標準來跟她一時的成績斤斤計較？

因為這一轉念，使我決定不要採取干涉的態度，而是等等看，看孩子會不會有一天自己跟我說：「我玩夠了，我要開始念書。」

父母要練習「等待」

一直到升上高二下學期，方方有一天跟我說，等她把社團交接出去以後，會多花心思在課業上。我聽了覺得很高興，但還不宜高興得太早，重點是要觀察她之後的行動，卸下社長的職務後，她是不是真能收心讀書？

之後，她果然也開始會去速食店之類的地方念書了，雖然家人聽到的時候大多覺得很質疑：在那麼吵的地方有辦法念書嗎？她爸爸還曾要求我跟他一起去偷看，看女兒是不是真的像她說的是在念書。還好，結果沒有令我們失望，她的確在念書，而且看到我們出現也維持好風度，沒有對我們的「監看」多說什麼。

其實，我可以理解女兒的選擇，因為以前我就是這樣，考試時一路過關斬將，算是一個會讀書、會考試的人，但只要去圖書館那樣安靜的地方念書，反而容易睡著。對我而言，最有效率的念書場所就是鬧哄哄的速食店。

女兒又提出想去K書中心念書的想法，我聽了也表贊成，就跟著她一家家去挑、去看，選擇一間最適合她的K書中心。雖然其他家人對我們母女選擇到

K書中心念書還是有很多問號，不過女兒的成績也終於開始有了起色，證明這選擇符合她的需要。

某次考試她進步到全校的一百名以內，這個成績也許並不耀眼，但是跟她之前的成績比較起來，進步的幅度是頗大的。但她反而感到壓力遽增，她跟我說：「不要再要求我還要進步到第幾名！」

我告訴她，媽媽不會要求她一定要考到第幾名，因為我已經看到她的進步、她的自信，以及她的確逐漸找到了讀書、成功的方法。

我覺得，對於孩子，父母要練習「等待」，雖然等待很難、很煎熬。但能夠等待，才代表我們相信孩子，願意給他們時間摸索，願意自己按捺住性子持續觀察。身為父母的我們只要適時守住底線，其他的就放手給孩子，讓他們以自己的節奏與方式，在人生的旅途中學習與成長。如此，成長的果實，才能完全屬於他！

有效學習、神準猜題

許多家長都曾經跟孩子一起看過電影《哈利波特》，哈利入學的第一件事，就是要先用「分類帽」來判斷是該進葛萊分多、赫夫帕夫、雷文克勞，還是史萊哲林學院。孩子也是這樣的，透過觀察，我們也可以發現，每個人都有自己的學習類型，有些人是視覺型，有些人是聽覺型，有些人是操作型，有些人則是混合型。

孩子的學習類型是屬於哪一種？

每個人都有自己的學習風格、自己的學習習慣，這種學習習慣並不一定是全然分開的，但是多數人都會偏愛其中的某種學習方式。假如我們能掌握孩子的學習特質，用孩子喜歡的方式來指導他，孩子的學習效果就會比較好。

以我為例，我是聽覺型的人，我喜歡聽覺上的刺激，念書時喜歡待在吵雜的環境，口語的表達能力也較好；有些人是視覺型的，他們著重於視覺方面的刺激，喜歡待在安靜的地方念書，用看的比用聽的容易理解。我的小女兒之之是操作型的孩子，所以對她講述抽象的概念，她常常聽不懂。以教她數學為例，我就必須把數字轉化成錢幣，把整個運算過程變成是可以親自操作的，這樣她才更能理解。

如果孩子是視覺型的，給孩子的學習素材最好都是可以「看得見」的，例如文字、表格、圖片等，孩子對「看過」的東西才會留下學習印象，也比較容易把知識吸收進去。聽覺型的孩子依賴聽講，ＣＤ、廣播等學習方法對這類孩子特別有效，爸媽也可以把課文讀給孩子聽，或多跟孩子作口頭討論，對孩子來說會很有幫助。至於操作型的孩子則喜歡動手，對於實驗、實作、製作報告等最有興趣也最有辦法，爸媽可以花點時間陪著孩子多去親身體驗。

既然現實世界沒有分類帽，那就只好請爸媽來當孩子的分類帽，觀察發掘孩子學習的優勢管道與劣勢管道。在指導孩子學習前，先掌握孩子適應的是哪種學習、屬於哪一類的學習類型？然後依照孩子的方式去指導孩子，才能有效幫助孩子提升學習力。

最怕的是，家長不曾觀察也不了解孩子的學習類型，卻堅持要孩子套用自己的學習方式。例如有些家長可能一直都是以視覺方式來學習，凡事喜歡用看的、聽到事情會以文字做紀錄。一旦遇上操作型的孩子，便覺得孩子頑皮、坐不住，於是強迫孩子非要在書桌前坐好、眼睛不可以看別的地方。這樣的指導方法，結果反而會使操作型的孩子學不好、喪失學習樂趣，那就不是爸媽的本意了！

國小的孩子就該培養出學習的好習慣

只要是我待過的學校，我都會親自幫每個小六的孩子上兩節「有效學習課」。原因是，目前國小與國中的學習氛圍相差甚大，國小的孩子還感覺不到太大的功課壓力，但是一進國中以後，升學壓力瞬間紛至沓來。

所以，孩子在國小的時候雖然不用整天讀書，但一定要養成定時寫功課的習慣，不能讓他習慣拖到最後一刻才寫功課。因為一旦養成「拖」的習慣，以後就很難改了，這樣孩子要如何面對功課更重的國中階段呢？

「有效學習課」的重點，在教孩子建立一些學習的好習慣。進入國中以後，每天都有很多不同科目的小考，所以孩子需要做有效的時間規劃，養成一些好習慣，準備考試時才能達到事半功倍之效。

什麼是學習的好習慣呢？其實也不外乎每天做好「預習、複習、抓重點」這三項工作。

每天除了寫功課之外，一定要花一點時間預習明天要上課的科目範圍，主要在找出自己看不懂的部分，上課時就問老師這些原本不會的部分，再仔細看老師如何解答。

複習也很重要，這是為了強化短期記憶。可能晚上睡一覺起來，昨天的事就忘掉一大半了，所以要趁記憶還鮮明的時候趕快複習，讓孩子每晚把當天老師的筆記整理一下，要用紅筆畫下重點，以後翻到這一頁時，就要先看紅筆畫的部分。

如果覺得上課筆記寫得很亂，就用便利貼把最重要的重點記下來，貼在這一頁上。這樣大考前甚至不用帶著整本書，只要把便利貼帶著，都讀過一遍，就可以考得不錯了。

人人都可以是猜題大王

以前參加考試前，我抓的「必考題」，十有八九會出現在考卷上。其實猜題神準沒什麼大不了的，說穿了只要清楚掌握住書中重點，人人都可以是「猜題大王」！

書中的重點在哪裡呢？除了老師上課時會一再強調的地方之外，平常小考的考卷上也會一再出現這些重點。所以，月考前整理平常的小考考卷，是很重要的事。

女兒月考前，我會跟她一起整理平常小考的考卷，重點是看她之前做錯的題目，確認一下是否懂了？不懂的一定要搞清楚。有些一再出現的題目，更是要達到熟練，因為那就是這段學習的重點所在。考前的時間不多，所以做題目一定要做在有效的題目上面，而不是花很多時間寫一大堆測驗卷，那樣的效果反而有限，不如花點時間整理之前的考卷，勝算還大些。

現在實施九年一貫教育，教學法跟以前大不相同了，所以父母帶孩子複習功課時，也不要拘泥於以前自己所學的方法。不妨裝笨一點，請孩子教教我們、請他講給我們聽。如果他可以講得頭頭是道，代表這個部分他已經會了。

另外，以測驗的趨勢來看，現在的升學大考出的記憶題較少，反而比較重視高層次思考。一般孩子在這一點很吃虧，因為過去的教育比較少有邏輯訓練。所以，市面上流行的數獨或英獨，都是不錯的邏輯訓練，家長可以多鼓勵孩子在家閱讀演練。

校長 PLURK

每個孩子都在意自己的成績

即使孩子不說，但心底其實都會在意自己的成績，考試考不好，只是因為還沒找到訣竅。家長要做的不是責備、打罵孩子，讓他對學業更失去信心，而是要帶著孩子去找到屬於他的讀書方法，讓他從「自我感受不佳」的烏雲中走出來。

也許孩子的成績無法短期內大幅進步，但至少要讓他對讀書不再排斥、恐懼，或許哪天他就忽然開竅了也說不定。

準備考試不用死讀書，訣竅在哪裡？

當孩子下週就要月考或段考，你會把本週孩子原本在上的才藝課都停掉一次，要求他待在家裡好好溫書嗎？

如果你的答案是「yes」，就需要捫心自問一下，當初為孩子安排這堂才藝課的理由究竟是什麼？會在孩子的生活中放入這門才藝課，應該是父母覺得才藝本身很重要，或是覺得孩子有需要學，才會花錢、花時間做此安排。但是如果為了要孩子好好準備考試，就把才藝課都停掉，會讓孩子接收到一個價值觀：生活中只有考試是重要的。

孩子要考試，大人比孩子還緊張？

面對孩子考試，許多爸媽習慣「下指導棋」，要求孩子暫停才藝、要求孩子犧牲日常活動、要求孩子認真準備考試……。這些要求都會讓孩子有一種感覺：爸媽很在意我的考試成績，如果我考不好，就對不起自己的父母。

但是，孩子學習到底是為了誰？

為人父母的我們真的需要常常問自己：孩子究竟是要過他自己的人生，還是過我們想要他過的人生？當他還小的時候，我們可以幫他安排所有事，但是等他長大了，我們能幫他安排個好老公、好老婆、好工作、好老闆嗎？這一切的安排有可能實現嗎？

因此，我們需要讓學習這件事回到孩子身上，面對孩子明天、下週要大考這件事，身為大人的我們首先需要放輕鬆，以平常心看待。

利用計畫表，用短期記憶考高分！

我算是個愛考試、考運不錯的人，面對考試，我的經驗是：應付考試是有訣竅的！要提高考試成績，要從了解大腦的功能來切入。大腦中的記憶分短期記憶跟長期記憶，長期記憶需要不斷地思考才能烙印下來，但較不容易忘；短期記憶用死背強記就可以記住，可是忘得很快。而如果是要應付考試，短期記憶就綽綽有餘！

基於上述的理解，我教兩個女兒在月考前兩個禮拜開始準備考試。開始溫書前，先要她們做一張時間計劃表，把這兩週內所有的既定行程列出來，把包括要去學校上課的時間、既定的才藝課、已經安排好的活動時間都畫掉，再檢視可以溫書的空白時間。

在這些空白時間段內，填入要溫習的科目與範圍，把應複習到的部分標記在計劃表上，看這兩周內是否可以把所有內容都複習一遍，如果不行，就要把準備時間再提前。

因為考試應用到的是大腦中的短期記憶，所以有必要因應這短期記憶的特質安排複習的順序。一般月考、段考都是考兩天，所以兩週前應從第二天要考的科目開始排，然後用穿插的方式進行。以國中生的考試為例，考試內容包括背的跟算的，所以溫書時就背三十分鐘，算三十分鐘，這樣頭腦才不會固著在某一點而影響效率。第一天考的科目一定要在考前一天讀，這時就不要再分神去擔心第二天要考的科目。

所以，家長最重要的是要幫孩子養成讀書的習慣，只要我們看到孩子在月考前兩週自己會列計劃表讀書，就代表我們已經成功一半了！反而是孩子的考試分數，就不用太斤斤計較了。

帶著孩子一起做計劃

方方面對大學學測這個大考，做了一本厚厚的跨年讀書計畫表；念國中的之之，也會自己做讀書計畫表準備月考。

其實，除了少數的孩子，大部分的孩子都不可能自動做讀書計畫，所以剛開始時，父母不能夠只是口頭要求，而需要親自帶領。像我是帶著之之做了一學期之後，她才開始會自動自發。跟著孩子一起規劃時，也要解釋給他聽為什要這樣安排，他才能學到安排的訣竅。

複習表也得搭配孩子的課表，如果今天數學已經上很多節了，回來還要繼續複習這科，孩子可能會有彈性疲乏的問題，所以最好安排其他背誦的科目，改變一下口味。

晚上睡前再跟孩子檢核，問他：這科讀了嗎？沒讀的話明天要補上，就在格子裡寫個「補」字，再看看進度，如果孩子覺得有困難，要馬上調整。

校長 PLURK

「計劃表」不是用來使親子起爭執的

雖然做好了計劃表，但孩子仍會因為各種因素，導致進度有時可能超前，有時可能落後。當進度落後的時候，我們只要告訴他要把落後的進度補上即可，不用疾言厲色地打罵孩子。

我們要讓孩子知道，這是他的計劃表，身為父母的我們會關心，但是要為這計劃成敗負責的人，終究是他自己。

如果，我的孩子學得比別人慢

若幫台灣的父母列一個「親子困擾問題排行榜」，「孩子成績不好」這一項一定名列前茅。

如果你的孩子成績很好，恭喜你，不用煩惱這件事。但若孩子拿回來的成績單滿江紅，你的第一個反應是什麼呢？是怪孩子不好好用功？他太笨？還是怪老師沒好好教？

成績不好，都是因為孩子不用功？

孩子成績不好的原因很複雜，有可能是生理的因素、心理的因素，或是環境的因素所引起的，身為父母的我們必須按捺住情緒，首先要做的第一件事，是要釐清問題背後的原因才對。

孩子學不會，有可能是老師教的方法不對，無法讓孩子理解；也有可能是孩子的生理發生問題，譬如有兩眼視差，讓他不想看書；或者是因為家中出了變故引發他的心理問題，對外關閉了學習的門窗。

在這麼多「學不會」的原因當中，大概有一個原因是一般家長最難接受的，那就是孩子的發展比同齡的小孩來得慢。的確，有些孩子的學習能力比一般孩子發展得慢，所以他無法進行跟同齡孩子一樣的學習活動，如果孩子真的是能力不夠，家長又不能接受留級，一定要孩子待在原班級、跟同齡的孩子一起學習，這樣對孩子來說真的是一項好的選擇嗎？

留級不再是一件可恥的事

學校曾處理過一個個案，這兩個學生是雙胞胎，又是早產兒，進小一的時候就學得很吃力。小一結束後家長提出要求，希望讓孩子重讀一年級。

我們受理後，找來學生的級任老師、任課老師、行政人員一起開會，從孩子的學習成就、人際溝通、參加活動的表現來綜合評估，做成報告，再交由編班委員會審核。後來順利通過，讓孩子重讀一年級。由這個案例來看，現在的家長對於留級不再全然抱著否定的態度。

學校也曾轉來一對兄弟，他們自小讀歐洲學校，中文程度只到達可以聽的程度，閱讀跟書寫都有些困難。當他們入學時，學校會就學生的真實能力來進行評估，而不只是參考年齡，再判斷他們適合從哪個年級開始讀。除了依孩子的能力編班之外，學校也會進行中文補救教學。

現在的學校對於學生留級的申請有一套標準作業程序，也會由各方面來評估孩子的能力，盡量做出最有利於孩子學習的安排。所以，當家長發現孩子學不會是因為他成熟度的問題時，應該勇敢向學校提出調整的申請。有時留級、降級的選擇，對孩子一生的發展來說，反而是一件好事。

孩子成績不好就送他出國念書？

不少家境不錯的父母看到孩子成績不好，就想把孩子送出國當小留學生，認為此舉不僅能讓孩子學得更好，而且孩子也能更早學會英語、培養國際觀。不過，家長也要思考清楚，例如該讓孩子在多大的時候過去？他的英文能力如何？父母是否跟去？何時可以跟去？如何維繫家庭情感？

小留學生的作法並非一定成功，譬如美國曾有韓國僑生，因為自小移民，長期遭到其他同學的嘲笑、霸凌，以致心理失衡，結果於大學時開槍射殺同校教授與同學多達數十人，震驚了世界。

如果孩子是智力正常，但有學習障礙、聽障、情緒障礙等問題，那出國的確是不錯的選擇。因為歐美國家對於這類孩子，不論在人權或滿足個別化需求來說，其特殊教育的大環境的確比台灣好，孩子可以得到較好的啟發與照顧，值得家長克服困難，送孩子出國就學。

每個孩子都需要表現的舞台

小時候，學校裡舉辦的才藝表演，幾乎都是音樂舞蹈性質的演出，譬如彈鋼琴、拉小提琴、跳芭蕾舞等，我很不喜歡參加。不喜歡的原因是——因為家裡窮，所以不管是長笛、芭蕾舞、鋼琴、小提琴等，我一樣都沒學過，只能在台下眼睜睜地看別人表演。

所以當我成為一校之長，在辦理校內的才藝表演時，就常會思考：是否可以提供更多的機會，讓不是高社經地位家長的孩子可以來參加？讓每個孩子都能找到自己的舞台？

才藝表演不該只屬於菁英孩子

的確，目前的教育有很大一部分是為菁英，也就是所謂的「成功者」而設計的，小提琴、芭蕾舞、古箏等，若不是家庭環境的允許，孩子其實不怎麼容易接觸得到。

但有些孩子不會讀書、口語表達不好，但卻可能會打球、會演戲、會說笑話、會踢毽子、會跳街舞，而且這些才藝並不需要特別花錢去學，孩子就可以玩得很「溜」又具有可看性。

所以，學校有責任提供舞台給不同的孩子，而不應該只是強調單一的菁英價值，因此學校辦的很多活動，都不是為菁英者而設計的。在北投國小，除了才藝表演之外，也開辦很多才藝課程，每天下午四～六點是北投國小的課後社團時間，課程包括玩直排輪、街舞等。這些課程都很便宜，一學期千餘元，大部分的家長都能負擔。

孩子在社團裡學到才藝之後，還可以報名參加學校舉辦的才藝表演，找到舞台盡情發揮。我希望所有孩子們，不分家庭環境貧富或是功課好壞，在學校都有表現的機會，都可以覺得自己「好棒」。而這也是爸媽可以去鼓勵孩子參與、學習的。只要有這樣的學習機會，何妨鼓勵自己的孩子一試？

屬於大家的籃球記憶

北投國小裡有一條很特別的「籃球時光走廊」，走進這裡，就像走進了學校中，某個屬於大家的光榮記憶。

「籃球時光走廊」的設計跟北投國小的發展史密切相關，因為北投國小曾是台灣北區少年籃球隊的發源地，有個「七虎球場」就在學校旁邊。當時有很多在這個籃球球場練球的國家級選手，會就近到北投國小幫忙訓練小朋友。正因為有這些籃球高手的「加持」，所以四十年來，北投國小在籃球的比賽中創造了不少輝煌的戰果。

為了避免因為學生的畢業、成長，教練老師的來來去去，使這些口傳歷史日漸消失，所以這條時光走廊蒐集、陳列了文字、圖像、獎盃，讓孩子知道學長姐是怎麼拿到十連霸的？是怎麼囊括各項校際比賽的冠軍？不只是靜態的文物陳列，學校也舉辦相關的說故事活動，讓孩子了解那段精采的歷史。

這條走廊也讓所有的爸媽、孩子們了解：打籃球也可以打出一片天！得到冠軍的榮譽，不一定非要靠考試得來。最重要的是，孩子在訓練、比賽時，也都在加強自己的毅力、耐力、專注力及與他人合作的溝通技巧等，這些都是孩子「帶得走的能力」。爸媽如果能一同參與，隨時為孩子記錄每一個過程，不僅能鼓勵孩子提升自我、增強實力，而且也能為孩子留下最無可取代的回憶。

你的孩子會說話嗎？

現在的孩子很愛說話，也很敢說話，搭捷運時常發現孩子說話很大聲、很吵，但是仔細一聽，又會發現孩子說話沒什麼內容，也不大會控制音量。所以，孩子愛說、敢說是一回事，但不代表他就是「會說話」。

學校實施九年一貫課程之後，學生開始有很多表演的機會。但是在教育現場，我們發現孩子在台下都很大聲；但是一站上台，整個人都縮了起來、不大會表演，也不知道要如何把話說得清楚明白。

我認為聲音是人與生俱來的，應該很多樣、很豐富，但現在的孩子說起話來，大都很大刺刺、很直接，似乎不知道說話時可用快慢、抑揚頓挫來表達豐富的情感與情緒。這是一件很可惜的事。

基於上述對孩子的觀察，加上我自己對演講、詩歌朗讀、朗誦、相聲一直很有興趣，所以長期投注許多時間在訓練、矯正學生的發音。我在第一任校長任期時，學校中恰好有一位「薯餅」老師，她對藝術與人文很有興趣，也曾去參與教育劇場的訓練。我看她帶肢體課程帶得很好，又可以開發孩子的身體，所以就邀她一起合作，創辦了由台北市教育局委託辦理的「超級名嘴—聲音魔法營」課程。這個活動經營了五、六年，慢慢有了口碑，每年只要一將活動招生訊息公布在網路上，立刻就會額滿，最後都得用抽籤來決定。甚至連不設籍台北市的家長，也擠破頭想要讓孩子來參加。

課程中分兩大主軸：聲音與肢體。聲音課程如「聲音變變變」，就是讓孩子聽故事ＣＤ。請孩子聽聽看，雖然是同一個人在講故事，卻可以用不同的聲音來表現不同的角色；然後再請小朋友躲起來，發出不同的聲音，讓同組的人去猜猜看。小朋友在操作的過程中會發現，自己也可以像故事ＣＤ裡的說書人一樣，變化出很多聲音。

營隊也會安排去教育廣播電台參觀播音室，讓他們試著操作錄音、播音設備，運氣好的話小朋友還可以在節目當中「獻聲」，跟主持人對談。

肢體課程當中，「薯餅」老師會帶孩子觀察自己的身體，從戲劇的角度來開發肢體，教孩子如何「定格」，展現自己的肢體語言。這些練習，都為孩子的上台能力提供了良好的基礎。

上台能力，很重要！

不管是在營隊或是在學校中，現在都很強調要訓練孩子「上台的能力」。在事事強調行銷的二十一世紀，訓練孩子在眾人面前不怯場、擁有表達自我的能力，其重要性絕對不亞於考試考一百分。

所以，聲音魔法營的最後一天，照例是成果發表，全體小朋友都要上台，有的小朋友表演詩歌朗誦；有的小朋友表演數來寶、相聲、繞口令；還有團體廣播劇表演。家長來看了常常都覺得很感動，他們從來不知道自己的孩子會這項才藝，而且能鼓起勇氣上台表演。

無緣參加營隊的小朋友，其實一樣有很多上台表現的機會。譬如因應少子化，學校也需要招生，所以有一次我們就到捷運站搭棚子表演兼招生，直笛社的團員負責吹直笛，有人上台彈古箏，孩子們也一起來表演、大聲說出對媽媽的愛。

這類活動的規劃，都是為了讓所有的孩子有機會站在台上，勇敢表現自己。這些舞台提供孩子一個機會、一個方向，讓吸收力、學習力強的孩子知道：不管功課好不好、家裡有沒有錢，原來我還是可以會這麼多。這樣，孩子才能在學校、在社會，甚至是在未來的世界裡，有自信可以找到屬於自己的閃亮舞台！

我們都是世界的孩子

現代的家長們大多很在意孩子的英語成績，關心的背後原因是：希望孩子能夠成為一個有國際競爭力的人。的確，很多國際學校到台灣招生、跨國企業的獵人頭行動打破了國界的限制，世界是平的，從現在到未來，孩子的競爭對手遍布全球。

但是，要具備國際的競爭力，所需擁有的能力有哪些呢？大家都很在意的語言能力是一個，但光是能夠講流利的英語，難道就夠了嗎？

我們首先要了解，世界是由不同語言、不同種族的人所組成的，而生活在不同地區的人，會有不同的價值觀。所以，想要培養有國際觀、具國際競爭力的孩子，除了教會他們使用國際語言之外，我們也需要讓孩子認識現在與未來所處的世界。

如何培養有國際觀的孩子？

國際觀的培養有一個很重要的部分，就是不同生活、價值觀的體驗。所以我們學校曾帶孩子到新加坡進行八天的參訪，也曾邀請新加坡的孩子到北投國小的教室上課。

這些新加坡孩子第一天到台灣參訪，就對一件事大開眼界：台灣的孩子竟然可以在教室裡吃午餐。因為新加坡的孩子都被規定一定要到食堂吃午餐，教室裡是不准帶食物進來的，這就是一種不同的生活體驗。

除了帶學生出國，我們在寒暑假時也曾安排有意願的學生及家長，擔任接待家庭，接待日本 HIPPO（註）的小朋友到家中體驗台灣的生活文化。邀請 HIPPO 的小孩到家中「Home stay」，不需特別具備日、韓文的能力，也不是在款待貴客。住宿家庭不必刻意安排行程，只要多準備一雙碗筷，讓孩子帶著寄宿的學生一起體驗台灣生活就好。例如要補習時，就帶他一起去補習；要去游泳時，就帶他一起去游泳，就像是家中多了一位兄弟姐妹一樣。

這種國際 Home stay 的交流，就是一種融入式的學習，小孩在生活中自然會產生世界一家的體會。在這個過程中，我們發現語言反而不是最重要的，因為只要會簡單的詞彙，加上一些身體語言，不同國籍、語言的人也可以相互溝通。重要的是彼此融入的心態，不管是接待家庭或是來體驗生活的小客人，都將對方視為一家人般共同生活在一起，這才是最有意義的部分。所以，學校所舉辦的這些參訪、交換學生的活動，目的都在強調生活融入式的學習。

我建議父母親盡量鼓勵孩子參與這類的活動。也許送孩子出國遊學，費用會比較龐大，譬如帶孩子去新加坡參訪，八天至少要準備三萬元，可能不是所有家庭都負擔得起。那麼，當新加坡、日本的孩子到台灣時，就盡量爭取去當接待家庭呀！孩子不但能練習當個小主人，增廣見聞；家長的教育視野也能藉由接待不同文化的孩子拓展許多，這真的是一項物超所值的課程！

註：HIPPO 家族俱樂部：學習多國語言、實踐多國交流的日本民間非營利團體，十歲以上、對學習外語有強烈興趣的學童，都可以加入 HIPPO 家族俱樂部，依意願到有交流國家的接待家庭中進行 Home stay。

體驗不同的台灣生活

別看台灣這麼小，從台灣頭到台灣尾，從都市到鄉村，台灣的生活風情還真的是很多樣的。如果只在意孩子的國際觀，卻忽略了本土文化的厚植，孩子終究會成為一個「失根」的人。因此現代的教育主流是：不僅是國際觀，在地的文化也同樣重要，這兩樣都是我們應該在教育的過程中去鋪陳，好幫助孩子建構起來的。

所以，我們曾邀請位於雲林縣，全校只有三十五位孩子的成功國小到北投國小訪問；也曾協助宜蘭某校一班只有六、七位學童的班級，將北投國小當作畢業旅行的一站，進行班級、接待家庭的交流。這些校際交流，都成為孩子們課程的一部分。九二一大地震，餘震還不間斷時，我也曾帶孩子們去南投住帳篷，體會災民在半夜又碰到天搖地動的感覺。

除了接待，我們也讓孩子去體會台灣不同地域的生活。例如，成功國小邀請我們回訪，我們就邀了四個班過去，對方不僅全村出動迎接，也安排了寄宿家庭讓我們住宿，並且有農村文化、茶文化、紫斑蝶文化等課程，讓我們這些都市裡的孩子驚豔不已、大開眼界。

其實現在的家長也越來越明白城鄉、國際交流的重要，常常主動參與，好在家上到一堂「族群文化融合課」！

孩子在學校一定要學的一課

不久之前，報紙頭版曾刊載了一則震驚社會的新聞：一個計程車司機，只是因為在車上跟乘客發生口角，一氣之下竟然飛車撞死才下車的乘客。司機在逃逸數天之後，受不了良心的譴責，向警方自首。但是再多的懊悔，也無法挽回另一條寶貴的生命，以及自己即將入監服刑的人生。

看到這樣的新聞，總是會令身為一個教育工作者的我深深嘆息，不知道這位計程車司機是怎麼長大的？他的成長過程中，是否曾有人教過他，在這個充滿競爭、碰撞、摩擦的社會裡，與人相處的原則與藝術？

有誰教過孩子「與人相處的藝術」？

當看到這類相互傷害的新聞充斥在電視、報紙上時，我們不禁要反思：學校裡的第一堂課應該是什麼？應該是教孩子多考幾個一百分嗎？

我認為，學校首要的任務是教會孩子如何與人相處。這是因為在現在的社會中，「價值的尋回，遠比成為一個聰明人」更重要，而這種價值觀的教育需要學校老師、家長的共同努力。大人們不是光嘴巴上提醒而已，我們本身就要重視、在意這些生活細節，而且要做給孩子看。當大人的態度是在意的、堅持的，孩子就不敢馬虎。久而久之，他自然會長成一個「與人為善」的人。

好東西願意跟別人分享

對年紀長一點的家長來說，分享不是一件陌生的事，因為小時候總是得承接哥哥姊姊的舊衣、舊玩具，然後再傳給弟弟妹妹；家裡窮，所以一顆糖得要切好幾塊，分給兄弟姊妹吃。

的確，在過去農業社會裡，大家習慣以物易物，你種的青菜跟我種的水果互相交換，大家各取所需；而且因為物資缺乏，衣服、玩具、好吃的零食都得輪來輪去。但這種生活條件反而造就了分享的習慣，大家不會覺得付出是一件吃虧的事，也不覺得接受是一件不好意思的事。

現在我們的兒女，已經大不相同。因為是家裡唯一的小孩，父母也富有多了。購物消費不再是特別的活動，小孩子不管吃的、穿的、玩的都是第一手新品。孩子受到大人的關注、寵愛，大家都讓他，整個家裡的物品也都是他的，如此，孩子要如何學會分享呢？

當孩子一進入幼稚園，就要開始面對與其他小朋友相處的課題，幼稚園裡的教具、玩具都需要與別人共享，老師也不是他一個人的，可以說，孩子與人相處的課程是從此開始的。

「分享」是與人相處課程中很重要的一課，我們需要培養孩子用心去體會別人沒有的感受。當我有好東西時，願不願意跟別人分享？看到別人有好東西時，我可不可以有一種心量看待，不一定要占為己有？

學校裡會配合情境設計活動，讓孩子有各種機會練習分享，感覺施與受。孩子需要不斷練習，以及家長的重視、配合，才能養成分享的好習慣。

團隊合作是二十一世紀的潮流

你知道嗎？教室裡座位的安排也透露著某種玄機。

中國人一向習慣單打獨鬥，不習慣合作，最強調的就是獨占意味十足的「祖傳秘方」，而這種民族性從傳統教室的座位安排，就看得出來。

數千年來，這地球上的許多景物都變了，只有教室不變，現在的教室跟一千年前的教室一樣——都是排排坐。這也代表，現在的教育依舊強調的是個別競爭的價值。但是二十一世紀的潮流並非如此，在很多國際知名的企業，如芬蘭的Nokia、美國的Google公司，他們講究的是團隊合作，而且不僅要合作，還要「異質」合作。也就是說，在這個團隊裡，大家的特質與專業背景可以是不同的，但一定要「合作」。

具備團隊合作的能力，是與人相處課程中另外一個重要的主題。那麼，要如何在教育現場培養懂得合作的世界公民呢？我認為，改變教室裡座位的安排是第一步。

老師需要常常去變換學生課桌椅的位置，有時候三人一組，有時候五人一組，設計活動讓組跟組之間可以競賽。在這種團隊競賽中，還要鼓勵每個人的價值凸顯，譬如負責記時的、記錄的、上台報告的，依據各自的專長分工。然後老師得擔任觀察者，如果發現這一組較不活絡，下一次就要安排新的人進來，看是否能夠產生新的動能。

依我的觀察，合作學習是目前教育現場較欠缺的一部分，卻又非常重要，這需要老師多費心設計活動、安排座位，讓團隊合作成為學校生活的一部分。當然，爸爸媽媽也可以多鼓勵孩子們參與這些團體合作的活動。

此外，家長也可以團隊合作，例如以社區的「同村協力」方式，或以三五好友的家庭聯合方式，來安排孩子下課後、放假時的體驗活動。將幾個家庭的孩子集合起來，哪位家長喜愛戶外活動，可以請這位家長帶著孩子們一起去；哪位媽媽最喜歡做菜，不妨帶著孩子一起在家包餃子。這些活動不僅可以讓家長們彼此合作、分擔教養的辛勞，也能促進孩子彼此間不同的學習類型。而且，孩子們在友誼的凝聚中，一起遊戲、一起學習的過程，更會成為推動孩子成長的動力！

能等待的孩子成就較高

「ＥＱ」的作者舉過一個例子：有人跟在場的小朋友說，如果現在立刻就要吃糖的話，只能拿一顆；如果能多等個三十分鐘，就可以拿到五顆糖。然後由小朋友自行選擇。追蹤研究發現，願意等待三十分鐘的小孩，長大以後成就較高。這是為什麼呢？作者認為，這是因為那些孩子能轉化自己的情緒，延長所謂的「延宕反應」。

但是現在的獨生子女很多，這樣的孩子很習慣「需求立刻被滿足」，所以不知道什麼叫等待。我曾去北京參加活動，中場休息時大家去上廁所，台灣去的人都乖乖排隊，但是那些北京的小朋友一進廁所就開始搶了，我走過去跟他們說：「小朋友，你知道我們這邊的人在幹什麼嗎？」

小孩子臉上的表情寫著：「你憑什麼管我」，嘴裡說：「我很急耶！」

「我們等在這邊的人也都很急啊，所以，過來一起排隊好嗎？」我的態度溫柔而堅定。

小孩子心不甘情不願地過來排隊，但是一看到後面來的人又開始插隊，就生氣地對我使眼色，我跟他說：「沒關係，那我們就一起過去跟他說：『請排隊好嗎？』」

北京的孩子大部分是獨生子女，在父母的呵護下成長。對他們來說，等待是一件陌生的事，更遑論為別人著想。

這經歷給我一個感想，若我們沒教會孩子等待，那麼孩子會覺得到手的任何事物都是理所當然的，也會要求身邊的人要立即滿足他的需要。他們長大以後很容易會成為世界的掠奪者，而難以成為疼惜環境的保護者。

要如何教會孩子等待呢？當孩子在等待、在排隊的時候，我們可以設計一些活動，譬如給他一支筆，讓他畫畫；或讓他讀一本書，或讓他天馬行空地隨意想像……。重點是讓他知道，等待並不難熬，我們可以利用那段時間做點別的事，轉移「要」的急迫感。

只要讓孩子有機會多多練習，我相信，所有孩子都可以學會等待。

每個人都可以是孩子的老師

孩子的老師可以有很多位，並不限站在講堂上授課的那位才是老師。在我們學校裡，許多老師是由他們擔任：

- 學校的同學：資源班中或是一般校園中，會有學習遲緩的孩子、殘障的孩子、外籍新娘的孩子等，這些孩子和大家在共同的空間裡一起上課、一起玩耍，於是孩子們由生活經驗裡知道，世界中存在著各式各樣不同的人。
- 原住民小朋友：學校推動城鄉交流課程，安排孩子住在原住民村落、到原住民的學校上課、跟原住民的孩子做朋友，一起參加拔河比賽、賽跑，透過體驗，了解彼此的差異。
- 動物們：學校曾請「狗醫師協會」裡的狗狗來為孩子上「生命教育」的課程，讓孩子了解，如果愛這隻狗、這條魚、這隻鳥，養了牠，就要對牠負責到底，別隨便棄養。

這些同學、小朋友、狗狗，都是孩子的老師，孩子透過接觸多元文化、與

校長 PLURK

別人相處的過程中，能學會尊重差異。這也能促使孩子理解，即使別人與自己不同，但所有人、所有物種都是地球上的子民，都該被尊重、被愛護。

讓融合的意識深入孩子的心靈，他們長大以後，自然能成為推動社會、世界融合的好公民！

大人需要補上的一堂課——公民與道德

身為校長的我，偶爾也會感到氣餒，尤其是星期一早上面對校園的時候。經過一個週休二日，星期一早上的校園總是特別髒亂，滿地的紙屑垃圾不說，開放的廁所也是髒得恐怖。小朋友只好賣力打掃，就算是再髒的排泄物，也只能硬著頭皮清理。

某次週休二日，學校因為進行工程的緣故而不對外開放。結果那個星期一早上的校園特別乾淨，特別令人賞心悅目。我一邊巡視、一邊感嘆，難道學校真的要緊閉門戶，才能維持起碼的清潔嗎？

學校不是非開放不可

只要是有上過學的人，一定都讀過「生活與倫理」、「公民與道德」，是不是因為這些課程都不是考試的重點，所以大家都忽視、遺忘了呢？顯然不少上過課的大人，言行舉止依然不符合現代公民的基本素養。在台灣，大家都覺得開放校園是一件理所當然的事，但是我曾去香港、新加坡參觀，發現那邊的學校基於防範恐佈分子的理由，除了上課期間外，學校都不對外開放。就算是上課時間，也有保全人員到處巡視、門禁森嚴。

雖然同是華人地區的作法是如此，但是我自己依然支持台灣開放校園的政策。學校應該成為社區裡學習的堡壘，它服務的對象不僅是學生，也應該包括社區裡的大人。

在北投國小，早上五點鐘就有練外丹功的老人家、跑步的先生女士會進入校園；上課時，校園中有幼稚園、小學部、有特教班；下午四點放學之後有學生社團，以及一些補救教學活動在進行。晚上六點以後，學校還是燈火通明，因為週一、週三、週五有補校；此外，另有親子的中英文讀經班、紳士協會舉辦的社區大學，以及不定期的社區講座等，這些都是提供給社區居民的豐富學習資源。

開放的校園，不文明的行為

一般來說，即使學校沒有那麼多活動，對社區大抵都是開放的。但是，某些到校的大人是怎麼破壞環境的呢？弄髒廁所、隨手在桌椅或牆上亂寫字、煙蒂亂丟、隨意焚燒紙屑……。學校也都設有垃圾桶，令人不解的是，地上的垃圾就是多到撿不完。

此外，因為台北市實施「垃圾不落地」政策，有些人趕不及去倒垃圾，就把家裡的垃圾塞在學校前面的人行道垃圾桶裡，使得那裡的垃圾桶常常大爆滿。甚至有人把一些大型的廢棄物，如棉被、床墊等雜物，大剌剌地堆在學校的後面。

最慘的是，學校曾花了百萬元在校園裡打造生態池，為了防止漏電，所以裝了充電的LED燈。沒想到才過了一個週末，星期一再看到時，地上只剩下一個一個的窟窿，燈都已經被拔走了……這景象真的是讓人看了欲哭無淚！

大家可以想想，大人給了孩子什麼樣的示範呢？當孩子們整天耳濡目染的是家裡大人，或是鄰居大人的這類行為時，他們理所當然地也會對腳邊的垃圾視若無睹，更不可能主動彎腰撿起垃圾，為我們的居住環境盡一分心力。

破壞行為增加孩子的負擔

學校是誰在負責打掃的呢？不是清潔隊，而是孩子們。一般來說，孩子們一天要掃兩次，早上到校要掃一次，放學前再掃一次。

照理說，放學前已經打掃乾淨了，早上那次應該可以省略吧？實情卻是不掃不行！因為每天早上一來，校園裡都有滿地的垃圾，不清掉怎能安心上課？

負責打掃的孩子常會覺得委屈：又不是我丟的，為什麼要我掃？他們說的也不算錯，該打掃的是那些破壞環境的人，但是基於教育的立場，學校老師也只能請他們收拾情緒、繼續打掃。

有時，看到這樣亂糟糟、被破壞的校園，我真的會氣餒、心寒，覺得根本不想再花功夫修補改善了。但是，這又不符合教育的原則，所謂的教育，應該是學校提供好的環境給大家使用，然後使用的大家再一起來愛護這個校園才對！就像對待自家客廳一樣，使用這個環境的社區里民們，是否也能用這樣的心情來疼惜學校呢？

校長PLURK

請大家一起來愛我們的學校！

北投國小是一所百年學校，有人一家三代都是北投國小的校友。假日時看到大人帶著孩子到學校裡開心地運動、觀察生態池，這樣的畫面總是令人欣慰。比起香港、新加坡那樣冷冰冰的水泥校園，開放的學園帶給人們更多美好的經驗與回憶，充滿了「人」味。

不只是北投國小如此，其他學校也是如此，都是社區共有的資產，承載了大家共有的成長回憶，也是另一種意義的「家」。希望大家一起來愛學校，給孩子們一個乾淨無負擔的校園！

第三章

順著孩子的天賦，
而非順著爸媽的意志

大人不同調，孩子怎麼辦？

為人父母者，一定多多少少會遇上另一半的教養態度與自己不同調，或是家中長輩與自己不同調的困擾。這時候，該怎麼辦才好？

孩子最後還是要自己教

以我家為例，方方小時候是阿公、阿嬤帶大的，老人家總是比較寵孫子，什麼事都幫她做得好好的。再者，也是她天生個性的關係，直到現在都還是比較喜歡依賴別人，希望別人幫她把事情都處理好。我還記得，直到她小學四年級的時候，有時阿公、阿嬤上台北來小住，方方吃飯時都還讓阿嬤餵。老人家看到我們讓她自己洗澡，也會絮絮叨叨念著：這媽媽太懶了，孩子自己洗，洗得乾淨嗎？

洗不乾淨有什麼關係呢？重點是要讓她自己做。

遇到與老人家觀念不同的時候，直接與長輩頂嘴或許並不是最好的作法，最好是視情況而定，把自己的意見勇敢說出來與對方溝通。其實，等長輩回去以後，我們還是繼續用自己的方式教育孩子，我常跟孩子說：「我希望妳自己做，而且我相信，妳會做得很好。」

校長 PLURK

管教孩子要趁早

六歲以前是養成一個人生活好習慣的黃金時期，上了小學以後，要改變孩子的壞習慣就得花很多功夫。俗話說「六歲看大」，便是這個道理。

研究顯示，孩子年齡越小所養成的習慣，越容易成為他的終身習慣，也就是說他小時候養成的好習慣多於壞習慣時，長大後比較容易成功。反之，則他這輩子恐怕令人難以期待。

父母也得確保自己的想法經得起考驗

雖說溝通很重要，但溝通是一件多麼難的事，尤其面對的是自己的長輩。溝通的目的不是要改變別人，因為很多時候，長輩是不容易改變觀念的。這時候，我們就要有些相對應的做法。

當大人間的教養意見發生衝突時，孩子處於夾縫中很為難，他不知道該聽誰的好，此時父母有必要讓孩子知道，在家中誰可以作主，爸爸媽媽的想法又是什麼。但是，爸媽也得確保自己的價值觀是經得起考驗的，所以作這個決定時，最好要找人商量。

社會上有很多免費的諮商機構，每一個人都該養成適時求助的習慣。當父母對這個價值觀感到不很確定時，可以去找相關的學者專家商量看看，這樣也會感到比較有支持、依靠。否則面對整個家族的壓力，一個人單打獨鬥，會特別覺得徬徨孤單。

只有父母能為孩子負責

其實親友間不同的意見也不見得都是阻力，很多時候，遇到問題時開放心胸多多請教親友，也會有意想不到的收穫。

但有些時候，當親友動不動就對我們的教養方式說三道四、提出質疑時，對這些意見就只要聽聽即可，不要太受影響、人云亦云，免得最後變成父子騎驢的窘狀。

孩子畢竟是自己的，也只有我們能為他們負責，所以做父母的我們得堅持，也得明確地讓孩子知道，我們的價值觀是什麼。這麼一來，孩子才不會陷入無所適從的窘境。

怎麼管教孩子最有效？

提到管教，不知道此刻出現在爸媽腦海裡的畫面是什麼？是當孩子做錯時，疾言厲色地喝斥孩子：「不可以這樣」，或罰孩子站、用愛的小手打手心，還是任何可以起嚇阻效果的行為？

孩子會做錯，當然也會做對，他做錯時我們絕不會忘記處罰他，但當他做對時，我們是否曾給他任何回饋，讓他清楚知道，自己做了一件對的事？

父母必學的第一堂課：正向管教

管教不應該只針對錯誤的行為，只要孩子不要做這個、不要做那個；管教也應針對「對」的行為給予肯定，增強孩子做對的動機。而且，當我們越把注意力放在他「對」的行為上，管教起來也會越得心應手。

譬如，當孩子表現出好態度的時候，我們可以說：「對，你剛剛那樣講很好！」於是，孩子就會知道什麼叫「好的態度」。當他主動幫忙時，我們肯定他：「你剛剛這樣做，我好開心」、「你剛剛幫我拿東西，謝謝你」，孩子就會知道什麼是「好的行為」。

所以說，正向管教是父母要學的第一堂課，父母不要吝惜肯定孩子，看到他做對的時候，給予肯定、給個愛的抱抱，讓孩子知道什麼時候、做什麼行為是對的。這遠比總是針對他的錯誤行為大聲咆哮，效果要來得好。

管教需要「對治」問題本身

很多學校對遲到的學生施以「罰站」的處罰，這是令我無法理解的事。學生遲到的原因是什麼？多半因為太晚起。孩子晚起的原因可能很多，譬如昨天太晚睡、鬧鐘壞了，或是平常負責叫他起床的爸媽不在家，所以起不來。因此，要約束孩子的遲到行為，應該得針對「晚起」這件事來想辦法。

罰站也許有羞辱的作用，但卻一點也沒有對治到問題本身。而且，孩子第一天罰站可能還會覺得不好意思，第二天以後就慢慢沒感覺了。再來，他會等老師們都不在時偷溜出校，漸漸地就演變成逃學。這是一種漸進式的犯錯，越錯越大，但孩子之所以會走上那條路，不也是大人造成的嗎？

管教策略一定要對治問題的本身，才會起真正的效果。譬如孩子花錢不知節制，問題可能出在他對錢的觀念不正確，或是不顧後果地要即時滿足自己的欲望。這時，父母要做的是釐清他亂花錢的原因，以扣住他零用錢的方式作為懲罰，讓孩子嚐到無錢可用的苦果。用打、罵、罰站等方式來處理孩子的理財偏差，效果是很令人懷疑的。

切忌用心情管教孩子

父母一定要時時提醒自己，別用「心情」來管教孩子。

孩子的同樣態度、做同樣一件事、穿同樣一件衣服，父母心情好的時候天下太平，心情不好的時候就看不順眼亂罵人，這樣就不能稱之為「管教」，而是父母自己情緒管理的問題。

用心情來管教孩子，標準常常不一，冰雪聰明的孩子一定會「看破父母的手腳」，知道父母只是依自己的心情行事。如果爸媽根本不是真的在意那些標準，孩子們當然也不可能把那些標準放在心上。

所以，常有父母覺得很奇怪：「打也打了，罵也罵了，怎麼孩子就是不聽話？」孩子不聽話的原因是什麼？是他的問題還是我們自己的問題？這是為人父母常常要反躬自省的。

出手管教後，也要用心觀察一下結果是什麼，有解決我們之前想解決的問題嗎？對很小的孩子，我們更需要善用觀察，看看他是否有養成我們認為需要養成的好習慣。如果沒有，就要坐下來跟孩子好好地說一說、談一談，也許親子間能一起找出最好的解決辦法。

我認為，所有的管教若都能從「觀察、自省」的角度切入，出錯的機率就會少些。

校長 PLURK

為什麼不該打小孩？

不管是在家中還是學校，我都反對爸媽或老師對孩子體罰，原因是：

1一個人在盛怒的時候，常無法控制自己的力氣，有時那力道下去會對小孩造成永久的傷害，所以社會新聞中常有小孩被打死、學生被打傷，為人父母、師長的一定要學會控制自己的情緒。

2人生氣的時候，情緒容易壓過理智，所以此時的處罰跟小孩犯錯的程度無法呈現正相關。也許他只是做一件很小的錯事，但大人卻毒打他一頓；下一次他可能做一件更大的錯事，大人沒那麼生氣，反而讓孩子得到小懲罰，這樣會混淆孩子的價值觀。

3體罰會讓孩子學會凡事用暴力解決。現在孩子還小，大人還可以「打得動」，但有一天他比我們高、力氣比我們大時，難道父母們就拿他沒辦法了嗎？

所以說，體罰是最壞的身教。

不能讓寵溺得逞

面對被寵壞的小孩，「溫柔而堅定」的態度是最有效的方法。所以，每當我在學校裡看到小朋友對掉在腳邊的紙屑視若無睹、一腳踏過時，都會用「溫柔而堅定」的口吻叫住他：「你有看到這張紙屑嗎？」

孩子說：「有。」

我說：「可以請你順手把垃圾撿起來嗎？」

這時，孩子可能會露出「又不是我丟的，為什麼要我撿」的表情，或是故意誇張地說：「好髒喔！」

但不論他們的反應如何，我的態度都是一貫的溫柔堅定，一定要看到他把垃圾撿起來、拿去垃圾桶丟掉，我才會轉身離開。

現在的父母生得少，家中才一、兩個小孩，每個都是心肝寶貝。因為焦點過分集中在孩子的身上，總覺得孩子還小、什麼都不會，所以什麼都想幫他做好、安排好，忽略孩子其實有著與生俱來的能力。既然父母都比他還在意、不放手，孩子當然有恃無恐，反正搞砸了有人會幫忙收拾。

我曾聽過有些太過盡責的父母，兒子都念大學了，還常去兒子的宿舍收他的換洗衣物，幫忙洗乾淨摺好後，送回兒子手上。這是沒有必要的，孩子只有遇上無衣可換的窘狀，才會記得自己要定期洗衣服。父母不能讓孩子有恃無恐，我們的態度可以溫和，但一定要堅定，讓孩子知道這就是我們的底線，無論如何都不可能妥協退讓。當孩子知道我們是真的很在意、很堅持，他們也就會認真看待自己的行為，也就比較不容易產生偏差。

如果父母自己不堅持，讓底線一直撤守，最後要收拾苦果的還是自己，社會新聞版面中類似的真實故事實在太多了，為人父母的我們一定要引以為戒！

放學後，孩子怎麼過？

剛畢業的時候，我被分發到圓環那一帶的國小任教，圓環附近有一個寧夏夜市，所以家長大部分是夜市裡的攤販。

孩子下午四點下課時，父母已經出門去做生意了；孩子早上出門上學時，父母還在被窩裡補眠。所以，親子每天見面的時間可能只在做生意的攤位上，有些爸媽會請孩子幫忙擺桌椅、洗碗，孩子在夜市吃完晚飯後大概已經七、八點，爸媽再趕孩子回家寫功課。

夜市中，忙碌的爸媽身影

這也許是社會一角，卻也是很多家庭的面貌。父母辛苦地為了家計打拚，與子女相處的時間少得可憐。又或者，親子生活步調不同，做夜市生意的父母、開計程車的爸爸，工作的時間與孩子在家的時間正好衝突。

現在的社會多是雙薪家庭，不像以前大多有個媽媽在家中等著。父母雙薪，孩子回家後，當然是自己一個人，自己開燈、寫功課、洗澡、睡覺。說真的，這樣的孩子在生活照顧與學習品質方面，都是比較令人擔憂的。所以，學校老師就要多費些心力，看是不是能夠多少彌補一點家庭教育的不足。

對於這樣的父母，要求他們放下生計陪孩子，恐怕是不近現實的想法。忙碌的家長也許做不到在家等待孩子、常常陪伴在孩子身邊，但是總應該要找到與子女相處的一時片刻。用心經營每個可以和孩子相處的時刻，也能讓孩子感受到父母的關心與關懷。

再忙，也要陪你出去走一走

不管身為爸媽的我們是基於何種理由忙忙碌碌，還是要時時問自己：「如果有一天無常來臨，我突然走了，希望孩子如何描述我？」

相信沒幾個人會希望聽到孩子說：「其實，我跟爸爸（媽媽）也不熟。」

這就是取捨的標準，有時就算我們很行、贏得了全世界，卻失去與家人共有的回憶。孩子很快就會長得比我們高、走得比我們快，如果到時我們才發現沒能把握機會在孩子的心裡留下什麼，那種感覺，除了遺憾，還是遺憾。

忙碌的我們，一定還是要抽出空來，陪孩子去公園走一走、散散步，寧願一起聽聽音樂，也不要總是親子排排坐在沙發上看電視。過年過節時，帶孩子回老家拜見父母、拜訪其他的親戚、經營家庭關係，讓孩子習慣這種互助的社會網絡，長大後才不會成為與親戚朋友老死不相往來的宅男、宅女。

除去孩子上學、上安親班、上才藝班的時間，孩子的課餘生活需要一些親子活動與家族情感的連繫，這些共有的經歷，是一個家庭最珍貴的資產。

校長 PLURK

放長假了，孩子可以怎麼過？

・以平常心面對孩子轉換學習階段

家裡若有孩子要進小學、升國一，父母大多會煩惱：是否該讓孩子利用暑假的時間補習，免得開學跟不上？其實轉換學習階段並沒有想像中的那麼恐怖，而且學校也多會安排體驗活動以及銜接課程。反而是家長需要預備好自己的想法，才不會被坊間補習班的宣傳牽著鼻子走，花了很多錢和時間，效果不一定好。

對於要升國中的孩子，家長可幫孩子把國小時較弱的科目做個補強，此時可以選擇坊間的補習班，或是學校的暑期輔導班。在單科的加強上，有些孩子適合上有競爭對手的補習班，有些孩子適合一對一請家教。你的孩子是屬於哪一種？家長要能自行判斷。

・利用社教與學校資源豐富孩子的假期

現在的寒暑假作業都不再需要孩子抄抄寫寫，反而希望孩子多拓展生活經驗，例如要孩子寫下今天的活動，列出媽媽教的食譜等。所以，家長可多幫孩子報名各種營隊，增廣見聞。教育局、美術館、科教館所經營的營隊，都有豐富的活動內容，價格也不貴。此外，學校裡也會有才藝班或營隊，收費最便宜，師資也有保障。只是參與時間只有早上，在接送上需另行安排。

好安親班應能抓住孩子的心

正因為現代社會雙薪家庭居多，所以下課後孩子要去的安親班，非常需要父母慎選。事實上，目前政府已有證照制度來管理安親班，要擔任安親班的機構與老師，都需要接受審核與受訓時數合格後，才能成為合法的安親機構。安親班的硬體設備事關孩子的安全，非常重要，所以父母選擇安親班時，不要先看價錢、考量成績，而應該先確認，安親班是否通過政府的消防檢查、教室是否位於地下室、通風設備是否良好等合法問題。沒有這樣的前提，將孩子送去不安全的環境，父母怎麼能放心？

除了硬體設施外，什麼樣的安親班，才能稱得上「好」呢？有些安親班打出的宣傳是：「這裡是孩子的第二個家、第二間學校」，我們可以想一下，家的氣氛是什麼、學校的氣氛又是什麼？

因為我自己也是個職業婦女，所以兩個孩子都上過安親班。之之現在已經念國中了，放學之後仍然喜歡到以前待過的安親班坐坐，跟帶過她的安親班老師撒撒嬌。自己在家做了餅乾也會帶過去與大家分享，有時幫忙看看學弟妹的功課。這樣的安親班是成功的，因為它掌握了孩子的心。雖然這家安親班也沒成功地把我女兒的數學「救」起來，但是從他們的課程設計當中，我可以感覺到他們的用心。

許多家長很在意孩子進到安親班，成績是否能進步？可以考到幾分？有一些安親班雖然號稱可以把你的孩子從零分教到一百分，但是一走進他們的教室，氣氛是嚴肅的、老師對孩子是冷嘲熱諷的，甚至會體罰孩子。不管這種安親班提升孩子成績的功力有多高強，我都強烈建議家長不要把孩子送過去。

對國小的孩子來說，我覺得應該選孩子喜歡去、想去的安親班。充滿愛、充滿歡樂氣氛的環境，反而有助於孩子的學習。

好安親班怎麼選？

選安親班，請掌握以下要點：

1 打聽口碑，多問問題：先打聽一下附近的口碑、跟老闆談談看，聽聽他的教育理念，看看他們的老師有沒有定期參加教師進修？問問他：如果孩子遇到學習障礙，你們會如何解決？管教方法是否包含體罰？如果我的小孩發生問題，與安親班的溝通管道是否順暢？

2留意孩子帶回來的資訊：把孩子送去選定的安親班以後，仍須留意一些訊息，譬如孩子回家會說起安親班的種種，這時父母就要注意，聽聽看安親班的做法是否符合我們原先的判斷。

3與安親班為友：安親班等於是代替我們在課餘時間照顧孩子，所以父母與安親班維持良好關係、合作無間，對孩子的教養與照顧有加分作用。嘗試跟安親班成為朋友，而不要老以消費者的姿態、批評的態度來監督對方！

孩子不寫功課，問題出在誰身上？

有一天搭計程車，司機正好是學生家長，他跟我聊起：「校長，我孩子都不寫功課，這該怎麼辦啊？」

我先問他的孩子是哪一班，依我對那班老師的瞭解，他的功課應該不會出得很多、很難。

他說孩子喜歡看電視、打電腦，就是不願意寫功課。孩子還曾問他：「寫功課有什麼意義？我沒寫功課還是一樣考得很好啊！」

聊著聊著，最後爸爸自己倒是說到了重點：「其實只要我陪著他，他就會願意寫功課。」

所以，這個孩子的問題其實很簡單，他只是要透過不寫功課來吸引爸爸的注意。於是我問他：「所以只要你在家，孩子就會願意寫功課，那你願不願意調整一下工作的時間？每天都撥出一些時間來陪孩子寫功課呢？」

為何孩子不肯寫功課？

孩子不寫功課，父母別急著罵他，因為不寫功課的原因有很多，例如：

1 **孩子沒能力完成**：老師出的功課超出孩子現階段的能力範圍，使孩子無法完成。

2 **孩子生理上有問題**：例如我的女兒之之曾有兩眼視差過大的問題，抄寫的功課會讓她覺得眼睛很不舒服，所以常常不想寫功課。

3 **孩子的心理對功課感到排斥**：如果問題是出在孩子的心理問題，就比較值得探究，譬如那位計程車司機大哥的孩子，不寫功課是為了吸引爸爸的注意，而不是真的不想寫。

4 **老師的功課太無聊**：有時候老師如果出了太多抄抄寫寫的功課，分量又很多，也會讓孩子提不起興致來寫。

我們需要找到孩子不寫功課的原因，才能對症下藥。而且，我們也要明確地告訴孩子，寫功課是為了要加深今天上課內容的印象，不是要為了給老師，或者是給父母交代。一天不寫功課，只會讓功課越累積越多。

家長也要知道，每個孩子的生理時鐘不一樣，有些孩子放學一回到家習慣先晃蕩一下，看個電視、出去玩一下，得弄到晚上八、九點，才能定下心來寫功課。所以，只要確定他每天都有完成，而且不至於熬夜，就不必一定要求孩子放學回家就得乖乖坐在書桌前寫功課。

功課是為誰而寫？

家長也要重新看待孩子寫功課這件事，功課是寫給誰看的呢？

有些爸媽很負責，孩子寫功課時，會拿著像皮擦在一旁等待，一看到孩子寫錯或寫得不夠令人滿意，就幫他擦掉、要他重寫。但寫功課是孩子的事，不是家長的事，我們陪他寫功課的目的，是要看他是否自己完成、是否遭遇困難或需要協助？而不是替他想、替他寫。

只有讓孩子養成自己獨力完成功課的習慣、為自己寫的功課負責，他才會真正覺得，寫功課是他自己的事，不需要別人聲聲催促。

孩子的天賦，父母不知道？

日前有一個潛能開發機構的「吞火」課程曝了光，引發社會各界的撻伐與討論，大家都無法理解，吞火這種行為要如何開發孩子的潛能？因為這個新聞事件，也引發了媒體對於目前市面上正「夯」的其他潛能開發課程的檢討。譬如，就有專家質疑不少孩子都做過的「大腦皮紋檢測」，真的能測出孩子的天賦嗎？

媒體的檢討往往是一陣風就過了，但是「潛能開發」課程卻長期存在於教育市場上。它們也許變換不同的名目、包裝，但總能吸引爸媽掏出錢來，送孩子去參加各種檢測、接受各種訓練。早在二、三十年前，「感覺統合」課程正熱門的時候，那時上一堂課五十分鐘，收費就要上千元。但還是有很多家長趨之若鶩，紛紛送孩子去檢查，看孩子有哪裡不足，再接受相關的刺激訓練。

可是並沒有人去做追蹤，研究那些上過課程的孩子，長大後的表現是否真的比沒上過的孩子好。何況只要風潮一過，大家也就自然忘了這回事，當然也很難有長期的準確報告。

同樣的學理，不同的名稱

其實，我並不建議父母在孩子很小的時候，帶他去做太多無謂的檢測。雖然所有的潛能開發方法都有它的脈絡，但孩子需要被發掘、開發什麼樣的潛能呢？父母能夠現在就決定孩子十年、二十年以後要做什麼嗎？

從腦神經科學的角度來檢視其作法，不難發現那些機構不過是提供大量的刺激。這是因為學習的關鍵在於大腦皮質層，當有很多活動量（也就是練習）刺激時，大腦的相關區域就會形成皺褶。所以，若希望提升孩子的學力，就要讓孩子處於刺激多的環境，刺激越多，大腦中的突觸也會生長得越多。以特殊教育的觀點來看潛能開發課程，假如課程所提供的刺激量夠大，當然會有一定的成效。但問題是，孩子能夠耐煩地做同一個動作五百次、一千次嗎？

不能忽略的是，腦神經學當中也有一個重要的發現，就是人若處在愉快的心情下，學習的內容就比較容易被大腦記憶。所以當孩子學習時，我們應該要營造一個快樂的情境，這就不一定是潛能開發課程能夠給予的。

因此，從教育學、兒童心理發展、大腦神經學、感覺統合等科際整合來看潛能開發，會發現這些課程雖然名稱不同、說法不同，但大家的理論都是互通的，只是用不同的包裝呈現出來而已。但是父母是否都能準確掌握這些機構所使用的方法？會不會過於怪異？對孩子真的有幫助嗎？

譬如我學過速讀，能夠掌握關鍵字的技巧，所以可以一目十行、看書看得比別人快很多。但是雖然讀得比別人快，並不代表對內容的核心價值就一定掌握得比別人好。有時我甚至比不上那些慢慢讀的人，因為他們可能更了解書中的微言大義呢！

孩子的「氣質」，爸媽一定可以觀察得到

其實爸媽無須仰賴大腦的檢測，也可以了解自己孩子的「氣質」。這裡講的氣質，是兒童發展學當中的「氣質論」，指的是孩子與生俱來，或是承接自

父母的部分。每一個家長只要用心，就一定可以觀察得到。譬如，家裡若有兩個以上的孩子，父母就可以比較出，某個孩子晚上睡得比較安穩，可以一覺到天亮；而另一個孩子可能較容易受到驚嚇。也許老大很能接受媽媽餵的副食品，另一個孩子就比較挑食、要不斷嘗試、只接受自己喜歡的食物。

如果父母可以觀察孩子的先天氣質，再加上了解孩子後天的多元智能（註），將孩子的天生氣質與多元智能加以結合，就能清楚知道，孩子的強項在哪裡。此時父母應該要開發孩子的優勢能力，同時藉著孩子發展優勢能力時所產生的自信，去提升他的弱勢能力。

當孩子的人際關係很好，但是邏輯能力較弱，所以數學成績很差時，家長是否能不那麼功利地看待孩子的優勢與劣勢？

常聽到的某些爸媽反應是這樣的：「人際關係能力好有什麼用？長大以後能做什麼？」這種說法就忽略了職場需要的多樣性，因為孩子以後一定可以找到特別需要人際關係能力的行業。

註：多元智能包括數學邏輯、語文、聽覺、視覺、動覺、自然觀察、內省、人際等。

校長 PLURK

潛能開發前，先掌握孩子的「氣質」！

孩子參加課程前，父母最好先了解孩子的氣質，以免花錢、花時間，卻得不到好成果。例如，反應閾強的孩子，較難接受新事物，太多課程會導致孩子無法吸收。而有些孩子則是吸收快，很容易表現出某種成就，但也很快就喜新厭舊、失去興趣。所以，在安排孩子去參加課程時，還是要清楚知道孩子的氣質與對課程的反應。

註：「閾」是標準，「反應閾」就是對外界反應最基本的標準。反應閾強的孩子需要很多刺激才會有反應，反之則只要有一點刺激就會有感覺。

要監督不要被催眠

家長有個迷思，只要孩子的問題、我們的需求等，恰好被那些機構說中了，就會覺得世界好像開了一扇窗，或是在載浮載沉中看到一根浮木。感覺就像被這些機構給催眠似的，不加思索就掏出錢包來繳付學費。

老實說，我自己也被「催眠過」，所以完全能理解家長的心情。現在回頭看當時的經歷，覺得家長實在應該一直抱持著批判的角度，來看這些課程。因為當我們在質疑的時候，才能同時釐清、了解這些機構在「做什麼」。當孩子學了一段時間後，我們也需要評估其效果，如果孩子的情況真有改善，也要能分辨是孩子本身的發展階段使然，還是這個策略的確對他是有效的？

如果這個策略真的有效，父母要把它學起來，而不是只想著驗收成果。我們花錢不該只利益到孩子，家長本身也應該學到東西。若只是教會孩子，父母搞不清楚孩子去上了什麼課，回家不能布置出相同的環境，孩子的學習效果也就有限了。所以，假使一個機構的課程目的不只在教孩子，也同時希望能教會父母，我覺得那就是一個比較令人放心的機構。

把孩子送去上課前，還是要多跟機構負責人聊聊，家長應該弄清楚，這些機構要提升孩子的價值是什麼？理論基礎又是什麼？他們想要培育孩子什麼？他們用了什麼策略？家長多用點心，不僅可以增加新知，也可確保孩子的受教品質。更何況，當家長一直持續關心注意時，大部分的機構在辦學時，也就會更加謹慎小心。

孩子的英語課程，需要父母用心堅持

現在是講究全球競爭的二十一世紀，因此很多父母講起孩子學英語的問題，臉上總透著焦慮，深怕一不留神，就讓孩子輸在起跑點。

我自己有帶兩個孩子的經驗，而且在學校裡接觸過很多學生。我的想法是，在市面上林林總總的才藝課程中，家長唯一需要特別留意與堅持的，正是英語課程。

早點學是為了早點培養興趣

因為外語的學習非一朝一夕可成，需要長時間的培養，因此家長可以讓孩子早一點開始學。為孩子們選擇一個比較好的補習班、接觸比較好的教學法，讓孩子們有機會練習、培養興趣，英語才能變成他們一輩子的好朋友。

學英語，對初學的孩子來說，很需要家長的陪伴。在為孩子們選定補習班之前，家長最好跟著一起去試聽，以確認補習班的教學法、老師、教材是好的。等孩子們真的進了補習班學習，可能會遇到學習上的成就、壓力、困擾，這一切，爸媽也得陪孩子們一一走過。

我家的方方上的是一般的補習班，之之上的則是全美語補習班。全美語補習班的上課時數較長，而且我觀察到之之剛開始時，似乎也沒那麼喜歡上課，所以寒暑假時就會讓她停課，休息一下，好重新醞釀她對英語學習的期待。因為孩子還小，家長要替孩子掌握學習節奏，在鬆緊之間轉換，以免孩子真的彈性疲乏，對學習倒盡胃口。在持續對英語保持學習動能的過程中，之之在國中時便被英文老師推薦去參與一項國際交流計畫。交流的活動內容很多，例如使用 skype 跟國外的網友對話、與外國學生共同活動等，她非常高興，也很珍惜。有這樣的表現機會，不用我們或老師猛盯她的成績單，她的英語能力自然就突飛猛進。

陪上課不是為了監視孩子

送孩子到英語補習班後，你通常的下一步動作是什麼？是轉身離開去趕辦自己的事？還是等在教室外監看孩子有沒有專心上課？我建議家長最好不要總是轉身走掉，而是陪孩子一起坐進補習班的教室裡，或者是在離教室不遠的地方，陪他上完一整節課。

陪上課的重點，並不是要監視孩子有沒有專心，重點是要看看老師是怎麼上課的？怎麼帶孩子學會的？跟老師學習他的教法，回家才能帶孩子複習；也觀察孩子，看他是不是享受在課堂當中？是否有學習困擾的表現？

就算看到孩子上課不專心，也不要在下課時逮到機會立刻去敲他的頭。我們需要了解孩子不專心的理由，想辦法去幫助他，才能徹底解決上課不專心的問題。

等待的時間裡，我們可以自己看看書，若有其他家長在身邊，可以彼此交換學習的訊息。如此一來，孩子看到父母並不是把他們交給補習班就去忙自己的事，大人愛學習、也正在學習，這就是全世界最有效的身教。

等孩子到了小學四年級以後，父母就可以不用這樣整堂陪伴，但是在低年級、尤其是小學一年級的時候，爸媽最好是能花工夫「全陪」，我自己正是這樣過來的。

校長 PLURK

學英語，請抵抗成績掛帥的主流價值！

我們並非生長在全英語環境中，所以孩子可以練習英文的機會並不多。因此，家長要看重的不該是考試成績，而是孩子是否有足夠的機會可以練習？練習了多久？

孩子學英語，有賴於大人的鼓勵。家長是否給予孩子足夠的信心？是否曾提供機會讓孩子好好表現？只要上述兩點都做到，孩子的英語成績就算沒有名列前茅，也絕對不會讓人太頭痛。

什麼樣的孩子最優秀？

前些日子發生了一件社會新聞，有個資優生因為沒考上台大的研究所，心情鬱悶，妹妹又說了幾句不順耳的話，他聽了勃然大怒，不僅毆打家人，還放火燒房子。

大家關注的焦點集中在這個孩子的情緒控制問題，但我想到的是，這孩子心中一定要考上台大的執念，到底是誰給他的呢？為什麼非讀台大不可？

是誰說，一定要念台大？

這讓我想起自己年輕時的經歷，多年前，我也曾經以進台大為目標。我去考過兩次台大的研究所，但都沒成功，後來轉念師大。在這兩次準備考試的過程中，還好我並沒有抱著「非台大不念」的執念，同時也準備著其他系所及高考的考試。

兩次考台大，都因為英文而敗陣，接下來的公費留學考同樣敗在英文。這讓我興起一定要克服弱點的意志，於是去補托福、報名托福考試，想要循另外的管道出國留學。結果人算不如天算，就在準備托福考試的過程中，我懷孕了，於是出國已經變得不可能。但是我仍挺著大肚子去考場，在其他考生的側目中，完成了這次的考試。

說真的，我也曾想著要進台大，因為所有成績好的學生心中大概都會有這種念頭：「一定要進台大！」而且放眼望去，以前的國中同學，就算是當時成績比我差的，後來也都進了台大，為什麼我不能？

但是我終究沒進入台大，從小沒拿過市長獎、沒念過北一女、沒進過台大的我，還好沒因為缺少那些「第一名」的冠冕，而覺得自己很差、陷入自怨自艾的深淵中。現在進入社會工作，也沒有人因為我沒得到過那些第一名，就抹煞我在工作上的付出與成就。

所以，一定要念台大的執念是否符合現實呢？有一些念了台大的人並沒有因此得到幸福的人生，有更多沒念台大的人依舊在自己的工作崗位上發光發熱！念台大，真的是人生的必要嗎？

校長的女兒就一定很優秀？

現在進入大學的管道有很多種，考過學測之後，也可以經由個人申請或學校推薦入學。

我的女兒方方作過性向測驗之後，覺得自己想要讀傳播學系，但很多學校的傳播科系不要學校推薦，就算是接受學校推薦的科系，其他的條件限制也很多。方方高一、高二的成績並不好，因此也沒有達到排名在前的學校門檻。

老師要高三的學生依著大學多元入學簡章，先預填科系。我跟女兒一起研究這一大本簡章，實在看不大懂。既然女兒想讀傳播科系，那讓她讀私立的世新、淡江也可以，這些科系是她目前的成績有把握可以進入的。老師看了方方的預填志願後，馬上打電話來關心，他認為方方雖然高一、高二疏忽了學業，但高三收心後第一次模擬考，就進步到全校前一百名。所以，老師建議我們設立一個較高的標準，以進入學風、評價比較好的國立大學為目標。

老師的建議很有道理，所以我們又經過多次打聽、請教老師、研究簡章之後，最後選擇了中山大學的某科系，雖然這不是她最想念的科系，但卻是她的條件最符合、最有勝算的系。若能進入這個學風、評價都還不錯的學校，也可以去雙修她原本想要念的科系。

當時，我們也一併考慮過另外一所國立大學的相同系所，她就上網搜集兩所學系的課表，進行分析比對，她覺得中山大學這所科系的課程結構確實較嚴謹。

其實我並不在意她一定要念國立大學，重點是孩子在面臨選校抉擇時，所嶄露的思考向度與做事方法。她自己會去思考、比較那些科系，就是努力往成人世界小心前進的好現象。孰料這項決定卻引發了家中的小小風暴。有家人無法認同方方的選擇，質疑「念這種系出來有什麼用」，同時也認為「有個當校長的媽，女兒應該更優秀、要上台大才對，怎麼可以以此學校自滿」。

面對家中長輩的質疑，方方在自己的部落格上回應：「我念我喜歡的科系，大家有意見嗎？」

媽咪 BLOG

我看到她能堅定、捍衛自己的想法，心中很是感動。像她這樣年齡的孩子，不一定知道自己喜歡什麼，但她現在正試著要面對自己的選擇，並為自己的選擇負責。誰說，校長的女兒就一定要念台大？校長的女兒是她自己，而不是校長的附屬品啊！同理，每個孩子都是他自己，都不是爸媽的附屬品啊！

雖然我的兩個孩子學業表現都不頂尖，但她們至少身心健康，對人有禮貌，會關心別人，不吸毒、不對別人暴力相向，不濫交、不沉迷於網路。她們知道自己在做什麼，也很努力想要找到自己的人生目標，這樣不已經具備一個人的基本素質了嗎？

說實在，身為媽媽的我對這兩個孩子，相當滿意了！

擁有哪些能力才是優秀？

我對自己的期許從來就是——我不一定能當個對抗主流價值的「帶種」父母，但至少別當個寵溺孩子的放縱父母。

美國有個驚人的數字，有百分之四十二的父母幫孩子還過債。在日本，有六十二萬的「尼特族」青年，宅在家裡不工作，認為父母養他們是理所當然。在台灣，功課很好但被寵壞的孩子也所在多有，他們生活的能力幾近於零、不懂得如何與別人相處。這些孩子也許一路念到台大、出國念到博士，但是當他進入社會，要怎麼在強調團隊合作的工作環境中，得到助力與發展呢？

很多「尼特族」曾是乖乖念書的孩子，其中也不乏名校的高材生，但是他們終究變得一事無成。所以，功課好真的是優秀的唯一條件嗎？父母到底要培養孩子擁有哪些能力，才能應付未來的挑戰？

歐盟認為在二十一世紀，人類要具備四大基本能力，用我的話來說，這四大能力就是：

1 孩子應具備生活能力、能自己照顧自己。

2 孩子須具備關懷別人的能力。

3 孩子要有解決問題的能力。

4 孩子須具備學習的能力。

游乾桂老師曾說：「需要的父母給，想要的自己想辦法」，身為父母的我們一定要清楚地讓孩子知道這點，不能無限制滿足孩子的欲望。

欲望是個無底洞，並非總是要被滿足，父母的責任應是觀察、了解自己的孩子，幫孩子預備好一些能力，讓他能朝向成功之道邁進。在幫助他們成長的過程中，我們始終要守住一個原則：孩子的成功終究需要他自己去定義、自己去追尋，這是當父母的我們永遠無法越俎代庖的。

時時肯定孩子需要一點「帶種」

優秀的定義是什麼？只是功課好嗎？還是品格也要好？還是必須有好的挫折容受力？這些又是由誰來界定？

如果優秀的要素是快樂呢？

鴻海董事長郭台銘先生並不是台大的學生，他在學校所學的，跟他後來所創造的王國，也不是同一個產業。我身邊也有一位朋友是醫學系畢業的高材生，但是在開了幾年診所、人生走到中年階段時，竟毅然結束醫師生涯，投身到他有興趣的繪畫領域。

這些人都很優秀，但是，他們也都曾經歷過不被認同的階段。譬如郭台銘先生的最高學歷是中國海專，當他還是一個學生時，有誰會想到這個海專的孩子，將來會創造出一個上兆元的電子王國？至於投身藝術創作的醫師，他的身邊會不會有些親友暗自感傷：「這麼優秀的人，為什麼中年時會『誤入歧途』呢？」

有不少父母希望孩子念好的學校，最好是像台大這樣的第一學府，要孩子完成他沒完成的心願，或是要孩子延續家族裡優秀的傳統，不是從事醫師，就是律師、教授等被社會認可為成功的職業。但是也有一些家長，譬如我的心臟科醫師，他有一個念小一的孩子，他沒讓孩子念昂貴的私立學校，而去上一所田園小學，因為他覺得「讓孩子快樂成長最重要」。

在這個「成功的人很多，快樂的人很少」的世界，父母要無視於他人認定的優秀標準，時時肯定自己的孩子，真的需要一點勇氣，一點「帶種」。當孩子徬徨於人生裡的諸多選擇，徘徊於自己的想法、家人的期待，乃至於社會的主流價值觀當中，身為父母的我們，需要在此時幫助孩子，找到屬於他自己的優秀定義。

高標準不一定能帶來幸福的人生

洪蘭教授曾翻譯過一本書《學習樂觀・樂觀學習》，書中提及一個例子，如果一直要狗狗去跳圍牆，而且是遠高過牠能力的圍牆，到最後光是看到那一堵牆，狗狗就會感到害怕。所以，當我們給孩子設定的目標總是遠高過他的能力，就可能會讓他一直處於「習得的無助」當中。因為就算他再努力嘗試，還是無法到達父母的目標，久而久之，孩子可能走上自我放棄之路。

也許有些父母會說，之所以給孩子設立高標準，是因為所有勇於尋夢的人都該有個基本的條件，他們得具備一定的社會地位，也得有基本的經濟能力，能養活自己。舉例來說，我演講的鐘點費約在千元左右，只要待在冷氣房、花點時間動動嘴，收入就會進來。但有些以勞力維生的人，要流汗、耗體力、要冒生命危險，一個早上可能也賺不到一千元。所以，父母都希望孩子能過得比自己更好，能「輕鬆」賺大錢，不希望他們成為窮忙一族，很辛苦、很勞累，但卻賺不了多少錢。

這種期待是人之常情，但它就是數十年來無法改變的，升學壓力的起點。

父母不要忘了，孩子是獨立的個體，有他們自己的人生。同時，社會看待「窮忙」一族的人眼光是否流於片面？辛苦當中難道就不可能有快樂嗎？面對人生，尤其是別人的人生，我們必須謙卑，因為很多部分我們並不了解。

而且在台灣，現在升學的管道很多，孩子的路比我們過去寬廣很多，父母需要放下焦慮的情緒，才能協助他找到最適宜的學校。並不是名校出身的人就絕對會賺錢、會有成就，身為父母的我們一定要破除這種迷思。

第四章

書再好，
孩子不讀也沒用

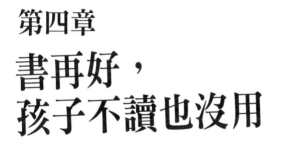

閱讀的起步在家庭

通常我應邀到外面演講、授課，不管對象是大人還是小孩，是家長還是老師，十之八九的主題，都跟閱讀有關。閱讀需要教、需要從小培養習慣，但弔詭的是，閱讀又是一項天賦的能力。當一個孩子呱呱墜地、睜開雙眼、看見身邊的媽咪與周遭模糊的景物，這個「看見」，就是閱讀的起始。閱讀不僅限於文字，還有圖像、影音，所以說，閱讀是人與生俱來的能力。

孩子一生下來，就開始閱讀

我們可以觀察到孩子是如何從混沌的狀態下成長的，他們在日常生活當中透過不斷地看、不斷地聽、不斷地想，來建構意義。孩子雖然不識字，但卻有驚人的學習能力，不到三年的時間，就可以從哭鬧的嬰兒，進化到可以表達自己、理解爸媽意思的幼兒。

雖然說，閱讀是人與生俱來的能力，但如果家長長期不提供孩子閱讀方面的刺激，孩子的智力反而會逐漸退化。例如大人喜歡看電視，小孩也跟著一起看電視，但看電視並不等於閱讀，而只是聲光的刺激，這就會對大腦有負面影響。有研究顯示，每天花很多時間看電視的小孩，長期下來智商反而會降低。所以，家長應減少孩子看電視的時間，而要多多陪孩子一起閱讀。

不識字，也可以培養閱讀習慣

希望孩子養成閱讀的習慣，是否要從他識字的那天才開始培養？是不是一定要有書才能閱讀呢？

當孩子還小時，我們可以常帶孩子到街上散步，帶他認識車站、招牌等這些觸目所及的東西。這會讓他養成對周遭事物好奇的習慣，並學著去閱讀生活裡的各式訊息。逛完了之後，孩子需要一個可以說的對象，跟孩子談談剛剛讀到了什麼、聽到了什麼。讓他想一想、說一說，在說的過程中，孩子就會建構出自己的世界。

雖然幼兒看不懂文字，但他可以透過觸摸書籍、觀察文字、圖像的方式來閱讀，有些幼兒故事書、雜誌有附音樂CD，孩子邊聽邊讀，可以慢慢建立他對文字與聲音的連結。所以，就算孩子很小，我們還是可以在家裡布置很多書，甚至在洗澡的時候，給他玩洗澡書，培養他對書的好奇感。閱讀會開展孩子豐富的知識背景，這個知識背景就是孩子未來認識世界的基礎。

爸媽更需要閱讀

我們買東西，要讀使用手冊；搭高鐵，得看時刻表。閱讀不只是看文字，也需要看圖表，這些閱讀都需要教。再說，我們無法帶每個孩子環遊世界，也沒有辦法帶他回到過去去見識那些燦爛的古文明。但透過閱讀，孩子卻可以了解、認知過去及現在的世界。一個不閱讀的孩子，要如何認識這個世界呢？

在學校，不管是幼稚園或是小學生，我都會在孩子入學時，提醒家長重視親子閱讀的重要性。爸媽應該明白，閱讀是一項工具能力，是帶領孩子航向世界但花費卻最少的投資。家長如果能掌握方法，引領孩子進入閱讀世界，並且自己身體力行，就不會只用嘴巴叫孩子多看書而已。

閱讀是根本，只要爸媽喜歡閱讀，孩子的學習能力就不會差到哪裡去。閱讀運動當中，大人也是主角之一，不可以缺席。

校長 PLURK

家中定時的「關機」運動

請大家在家採取「關機運動」，幫助孩子建立閱讀習慣，爸媽可以：

．在某一個時間裡約好，大家一起放下手邊的工作，關掉電視、手機，一起來讀書。如此才能營造出閱讀的氛圍，讓孩子看到爸媽即使不用上學、考試，還是很喜歡讀書。

．不對書籍設限，可以讀書、讀報、看雜誌或工作報表，重點是大家一起坐下來讀。小孩能因此接受到一個訊息：閱讀是一件快樂的、生活化的事，並不只是為了功利而讀。

如何打開孩子的閱讀胃口

用心推閱讀的老師、家長，應該都有一種感覺：現在孩子的閱讀力不佳，原因並不是讀得不夠多，反而是因為「讀得不夠廣」。

孩子閱讀很偏食，誰的責任？

的確，現在的小孩看書很「偏食」，例如愛看漫畫的人就只看漫畫；愛讀羅曼史小說的人就只看羅曼史。不少人對於孩子只看圖文書，不喜歡看長篇累牘的文字書感到憂心忡忡，認為這是孩子閱讀力低落的重大原因。

我並不擔憂孩子喜歡看漫畫這件事，我反而比較擔憂大人是否能找到好方法去引導、打開孩子的閱讀胃口。此外，大人是否能放掉自己對於孩子閱讀課外書的功利思想，讓孩子沒有負擔地在書海裡縱橫遨遊呢？

漫畫不應被汙名化，雖然市面上的確有一些充斥暴力色情的漫畫，不宜小孩閱讀，但還是有一些好的漫畫，一樣可以發揮啟發孩子、寓教於樂的功能。很多孩子只看漫畫、不看小說，是因為覺得小說的字很多、人物很多，光搞清楚角色就很煩。這雖是個人偏好的問題，卻也代表這樣的孩子比較無法定下心來，在書中找出蛛絲馬跡、抽絲剝繭，釐清這些人物的關係。

所以，曾志朗先生曾說，他非常鼓勵小孩讀推理小說，因為可以訓練孩子邏輯推理的能力。此外，科幻、奇幻小說常常架構出脫離現實的世界，但卻又是現實世界的反照，也可以帶給孩子不同的領會與收穫。

即使從功利的角度來看閱讀，現在托福的考試裡，有一半以上的篇章都是科普文章。所以只讀文學是不夠的，更何況若只看漫畫或羅曼史，那受限就更大了。我們不反對孩子看漫畫或羅曼史，但我們也必須讓他們知道，閱讀的世界很廣大，並不是只有他喜歡看的書才值得看。其實不只是漫畫，武俠小說、網路小說、科普文章、奇幻小說等，都很值得看，除了黃色、暴力的書籍之外，說真的，並沒有哪一類的書，不值得孩子花時間閱讀。

一套漫畫，讓孩子拚了十九局的比賽

學校裡有一位老師是《野球少年》的動漫迷，所以他用這款日本漫畫來布置教室，將漫畫跟動畫貼滿一整牆面。他用這套漫畫經營他的班級課程長達兩年，效果很不錯。班上同學因為這些漫畫的激勵，去參加樂樂棒球比賽，在冠亞軍之戰時為了拿到冠軍，拚鬥了十九局！身為大人的我們，可以想見孩子當時奮鬥求勝的心理素質嗎？這拚鬥的過程讓孩子寫成作文，就算文筆平平，一樣能讓人感動流淚，因為它是孩子最真實的心聲與體驗。

所以，誰說漫畫不能培養孩子的素質？

有些父母會以功利的角度來看待孩子的閱讀，認為孩子讀這種書籍無益於課業，就不鼓勵孩子讀，甚至不准他讀。殊不知，這樣反而破壞了孩子的閱讀胃口。

當孩子在培養閱讀興趣與習慣時，爸媽應該要鼓勵孩子多元性的閱讀。不要限制孩子該讀什麼、不該讀什麼，就算是漫畫，只要沒有暴力、色情或腥羶的畫面，都可以讓孩子看。我們這一代的家長，在年少時應該多多少少有這經驗：爸媽認為小說是閒書，不准我們看，所以我們就只好躲在棉被裡開著手電筒偷偷看。

以前我們的父母不懂，但現在我們處於民智大開的時代，作法應該與以前的父母不同。家長不需要擔心小孩看漫畫，反而該擔心孩子在我們看不到的時候，看我們不知道的漫畫。總之，我們應該讓孩子從小就知道：閱讀是件快樂的事，不需要偷偷摸摸。

跟孩子一起「說書」

很多父母不喜歡女兒看羅曼史，深怕情竇初開的女兒會受書中影響，整天幻想一些浪漫、不著邊際的愛情故事，以至於真的跑去交男朋友、耽誤課業。但就算爸媽的態度很堅決，孩子還是可能在外面看。所以爸媽的態度不如開放些，就跟女兒一起看、一起討論，看看書中的邏輯是否能通過現實的考驗。

爸媽應該跟孩子養成習慣：在一個公開的狀態下，跟孩子一起討論他看的書。當孩子在看某一本書時，我們可以找機會跟他討論：「在這本書中你發現了什麼？哪一句話寫得最好？哪一個觀念你覺得最受用？」

如果孩子看的是理財書，何妨問他：「你覺得我們家的理財方式有哪裡是需要改進的？」

如果他看的是新銳作家九把刀的書，也可以問他：「你覺得九把刀的這本書跟上一本書有什麼不一樣？如果要你推薦的話，會推薦哪一本？裡面角色說的哪一句話，最讓你印象深刻？」

孩子只要能說出道理來，就算那本書你並不欣賞，又何必阻止他？其實，大人也需時時提醒自己，身為父母師長的我們也有限制，並不是全知全能。什麼書對孩子的一生來說是真正有用的，誰又真的知道呢？

提升閱讀胃口有方法

面對閱讀偏食的孩子，爸媽需要用點心思、使點小技巧，讓他眼中不那麼可口的「菜」，慢慢變得有吸引力。例如孩子不看小說，家長可以介紹孩子看一些比較圖像化的小說，把書放在他常待的地方，讓孩子隨時有機會可以翻。

也許機緣一到，他就會開始讀了。有時是父母在孩子旁邊看，看得哈哈大笑，或是看得拍案叫絕，孩子可能就會對這本書產生好奇，想要一探究竟。有時孩子看一看、不想看了，丟在一邊，家長也不要覺得失望，可以找個機會問他：「你覺得這本書哪裡不好看」，親子間討論討論，增加他繼續往下看的動力。

也可以利用現在常見的各種展覽，譬如舉辦梵谷展時，帶孩子去看展覽，再一起去逛書店，看到梵谷的書就可以介紹給他。或是去圖書館，故意帶孩子到藝術區去，跟孩子說：「我們來比賽，找找看，哪一個書櫃裡有梵谷？」

我們自己也要注意，去圖書館或是書店時，不要老待在自己熟悉或是偏好的區域。我們可以帶著孩子走走看看，隨機抽一本書出來翻一翻，跟孩子討論一下。如果孩子有興趣，可以先借來看；若孩子真的很喜歡，就買來收藏。

希望孩子看某本書時，切忌一直跟他講、要他看，直接挖坑要孩子跳下去，孩子就會產生抗拒。人同此心、心同此理，我們大人也不喜歡被別人強迫推銷看某一本書。所以，想要引導孩子看你希望他看的書，真的需要一點方法與技巧。

校長 PLURK

世界各地的書都值得看！

其實不只孩子偏食，台灣的出版界也長期處於偏食的狀況，只喜歡出版歐美、日本的書籍，對其他地區的作品就少有引進。世界的文化是多元的，除了那些強勢文化外，中東、俄羅斯，或是愛斯基摩人、印第安人的作品也值得一看。我們就是很少接觸回教、猶太教的書籍，才會對這些宗教文化都很陌生。

這是出版業界的視野問題，還是台灣家長的心態──我們根本不鼓勵孩子去讀這些「非主流國家」的作品？身為家長的我們真的要把心胸打開，大家都希望自己的孩子有國際觀，但歐美、日本文化並不能涵蓋整個世界。閱讀可以無限廣闊，如果希望孩子具備國際觀，就該讓他從小接觸各種書籍與思想。

如何利用幫手，活絡孩子的閱讀？

不管老師或爸媽，想要推動孩子閱讀，除了自己孤軍奮戰外，其實也有很多外部資源可以運用。公立圖書館、學校圖書館是其中之一，此外也可鼓勵小朋友積極參與學校不定時舉辦的閱讀活動。有些積極的家長甚至能夠主動舉辦小型的演講或分享會，只要時間許可，許多童書作家或繪者都很樂意與小朋友分享他們的想法或靈感。這些活動不僅能夠加深孩子閱讀的印象與感受，更能讓閱讀走進孩子的生活中。

圖書館利用有學問

台灣的中學生什麼時候去圖書館呢？問十個人，當中可能有八、九個告訴你：「大考前啊！」的確，只要是大考前，圖書館的閱覽室都人滿為患，學生們都利用圖書館的免費空間來K書。但這樣不能算是利用圖書館，充其量只是把圖書館當K書中心。假如去歐美地區考察，就會發現那邊的圖書館很活絡，不管是鄉鎮圖書館、行動圖書館，生活中隨時都可以享受到圖書館存在的便利性。因此那些地區的孩子從小就懂得利用圖書館來豐富學習生活。

二十一世紀是強調終身學習的世紀，書有時而窮，但知識是無窮無盡的。知識的更新非常快，所以圖書館也不斷在更新藏書，具備著傳布知識的途徑與功能。圖書館也不應只是定在一個地方，它有很多服務是可以開枝散葉的。老師與家長都應該重視圖書館利用教育的重要性，因為一個孩子若具備利用圖書館的基本能力與素養，我們就可確保他一輩子都能進行終身學習。

在台灣，現在只要是有新生兒的家庭，都會收到一袋政府贈送的圖書與親子共讀的講座資訊（多是在圖書館中舉辦），希望家長在孩子還小時就引導他閱讀，讓孩子從小就養成閱讀的習慣。

圖書館裡有很多閱讀的資源，小小孩會走路以後，家長可以每個月定期帶孩子去圖書館看書、借書，讓孩子養成定期上圖書館的習慣。等孩子入學了，學校也應在課程中安排一系列的圖書館利用課程，教孩子認識學校圖書館、認識社區圖書館，跟圖書館有約、在圖書館作社會學習、在圖書館查資料等。讓孩子熟悉圖書館、知道如何利用圖書館，到養成利用圖書館的習慣，是孩子一輩子都能帶著走的終身學習能力，也是圖書館利用教育的終極目標。

讓作家走入教室與生活

北投國小的某間教室內，正舉辦著「與作家有約」的活動，作家桂文亞老師親切地回答小讀者的各式問題。教室裡放的都是桂文亞老師的書，孩子即使沒讀過她被選作課文以外的作品，也有機會在這時翻翻她的書。孩子們近距離地聽聽作家怎麼說，感覺作者就像從課文中走了出來，不再那麼遙不可及。

會被邀請來參加「與作家有約」活動的作家，一定是學生比較熟悉的，譬如是學生已經看過這位作家的書，或是課文中的作者。老師想做延伸閱讀，所以就在教室中布置出一個情境，邀請作者到孩子的面前與孩子對話。舉辦這類閱讀活動的目的，主要在於吸引不喜歡讀書的孩子來參與閱讀。雖然我們也接受喜歡看圖像的學生，但依舊不放棄地設計一些活動，跟電腦、電視拔河，把不愛閱讀的孩子從電視、電腦前「拔」起來，拉過來讀書。

這些活動都經過包裝，看似與書沒有關係，但其實息息相關；這些活動也是經過設計的，不是嘉年華式的大家簽簽名就散了，而是希望藉由彼此交流，產生互動的影響，培養更多未來的小讀者。

有一些閱讀活動是跟課程做結合，有一些閱讀活動是跟兩性教育、性別平等教育作結合。透過這些活動，能增加孩子閱讀的動力，幫助弱勢的孩子培養閱讀能力。辦理這些閱讀活動還有一個目的，就是鼓勵每一個孩子，不採取齊頭式的平等，當一個孩子從不閱讀進階到願意閱讀，他就會得到鼓勵。

大人們常覺得「孩子不愛閱讀」，其實有時真相並非如此，而是「孩子不喜歡看我們希望他讀的書」。每個時代有每個時代流行的文學風格，孩子之間也有屬於他們的流行讀物。爸媽們試著去了解、去閱讀孩子喜歡的作品，跟孩子才會有共同的話題。找機會問問孩子，這些作品中，什麼元素、哪個角色最吸引他，為什麼這本書在同學間那麼流行？這麼一來才有機會跟孩子分享、討論各自喜歡的作品，也才有機會讓孩子產生意願去讀我們希望他讀的書。

讓孩子真正「讀」出來

二〇〇七年冬天，「促進國際閱讀素養研究」（Progress in International Reading Literacy Study，簡稱 PIRLS）發布了一項國際閱讀能力的評比結果，針對全球四十六個參與國家的小四學生進行閱讀能力檢測，首度參與調查的台灣名列世界第二十二名，大幅輸給香港與新加坡的孩子，令國內教育專家跌破了眼鏡。

為什麼台灣孩子的閱讀力偏弱？

大家都知道，要奠定孩子終身學習的能力、要培養孩子的各種基本能力、要增進孩子的創造思考能力等，都得靠閱讀。所以教育部花大錢、大力推動閱讀運動，學校裡也有很多藏書、舉辦很多活動鼓勵孩子多讀書。那麼，為什麼台灣學生的閱讀能力還是不理想呢？

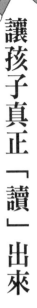

我覺得主要的原因是，目前教育現場的閱讀教學還是陷在傳統的窠臼裡，老師也沒有好的方法引導孩子理解文意。國語文考試的閱讀測驗中，學生常常不必讀完文本，只要找出題目出在文章中的哪一行、找到關鍵字，就可以答題拿分。而國際的閱讀評比強調的是高層次思考，要在線索裡推論、思考。但我們的孩子既已經習慣在文章裡直接找到答案就作答，再加上平常並沒有強化這方面的能力，成績自然不佳。

反觀香港，他們PIRLS的評比從第十四名進步到第二名，不僅進步神速，更是遠遠超過台灣。香港自兩千年推動教改，將提升學生閱讀能力作為教改成敗的關鍵，由教育統籌局開始，由上到下徹底改變老師的教學方法，進行系統性的變革。經過幾年來的努力，學生成績斐然，再過若干年之後，誰還能稱香港是「文化沙漠」？

台灣的閱讀教學真的有很大改進的空間，不管是閱讀教學、閱讀評量等方向都應該改進，增進孩子對文意理解的能力。老師與家長都需要認知這個問題的重要性，大家齊心協力，孩子的閱讀力才有可能真正獲得提升。

創意不代表就能提升能力

孩子進入國小就讀以後，老師除了鼓勵學生繼續作課外閱讀外，也應該把課內閱讀教好。至少，老師必須掌握住孩子階段發展能力的重點。現在閱讀教學比較大的問題就是，老師對於教學上要達到什麼目標、內容上的重點是什麼，掌握得並不很清楚。所以只要我有機會帶教師研習，都會特別著重於教老師們找到帶學生閱讀的方法。

我會先帶老師們作大量的閱讀，再切割出每一個年級的學習目標，譬如國小一、二年級主要奠定孩子閱讀的基礎，要讓孩子養成閱讀的習慣、喜歡閱讀。升上三年級以後，才真正進入閱讀教學的重點，孩子必須「讀懂」書中的故事，並且能說出故事大意。到了高年級後，孩子要能夠進行更深入地閱讀，能夠說出書中自己最喜歡的角色、「讀出」作品深層的技巧與意涵。

在低、中、高年級當中又可以細分出來，如三上、三下、四上、四下，每個年級、每個學期都有要達到的教學目標，老師若能掌握住這些要點，就不會發生好像讓孩子讀了很多書，但孩子的文意理解力卻沒有提升的狀況。

現在台灣的教育現場很強調創意，所以這樣教也對、那樣教也對。我不反對創意，但創意的背後一定要能聚焦於到底提升了孩子哪一種能力？如果大家不重視系統教學裡的標準作業流程，只是強調創意，最終的結果是，學生會缺乏能力。

但在孩子的這端，我們反而會鼓勵孩子的創意。身為家長，我們一定會看到孩子帶回很多與閱讀有關的作業，例如挑出自己最喜歡的一句文句、書寫閱讀的心得報告等。孩子寫的，有符合他的年齡嗎？有他自己的想法嗎？我們最怕看到的狀況就是，孩子下筆寫出來的東西，根本就不是一個孩子可能寫的文句，那麼這份作業就失去了意義。家長幫孩子看作業時，應該是要多鼓勵孩子的想法，而不是孩子才剛有自己想法，爸媽就馬上否定。否則即使孩子寫出了一份家長滿意，或是充滿家長所想像的「充滿教育意味」的心得，孩子又能從中得到幾分的成就感呢？

朗讀也是閱讀教學的一部分

你聽過孩子朗讀文章嗎？朗讀本身就是一種聲音的再創作，因為所有文章都包含作者寫作的情感在內，所以朗讀需要讀出作者的情感。但是現在很多孩子不用說「再創作」了，連正常地把它讀出來，都有一點不順、有一點難。

這是因為現在的孩子對於「斷句」不了解，即使我們朗誦的是白話文，已經有標點符號在上面，但孩子對於朗讀時，什麼時候該停、什麼時候該連，什麼時候應該休息久一點，都不大有概念。最重要的是，老師家長們都不讀了，又怎麼能教會孩子朗讀呢？

其實，只要好好帶孩子朗讀一遍，就算還沒有解釋，相不相信，孩子也已經懂一半以上了？因為透過讀的方法，孩子就能透過字句的氣勢與情感，對文章有初步的了解。聲音是一種抒發，也是一種表達，就算孩子尚未入學，或學校裡的老師沒有教，家長也可以帶著孩子朗讀。

我們可以朗讀繪本、故事書、童詩等，或跟孩子進行一些朗讀遊戲，譬如我念快，孩子就要念慢，孩子可以在快慢的比較中，感覺一下這個句子怎麼念會比較好。聲音有很多遊戲可以進行，但是家長往往要到孩子已經很大了，才有時間去參加「說故事志工媽媽」的培訓，才知道聲音原來有這麼多的變化。

即使以功利一點的角度來看朗讀教學，現在很多入學考、機構面試都要口試，所以如果能藉此訓練孩子的口語表達力，對他將來的入學與求職，也都非常有利。

話雖如此，我個人並不鼓勵家長送孩子去坊間的「表達訓練班」，學得一套口語表達的公式。因為很多時候，口試要考的是一個人的臨場反應，不可能對每個人都問一模一樣的問題。口語表達能力需要時間的訓練及累積，只要從小就帶著孩子閱讀、朗讀，鼓勵他表達自己的意見，孩子的口語表達能力一定不可能太差，面對口試的大場面，他也就不會辭不達意、說不出話來了。

我深深覺得，朗讀是閱讀教學裡很重要的一部分，只是教育現場裡很少人在談，老師也不大會教，學生當然也就不會朗讀了，這是很可惜的一件事。

校長 PLURK

讀得越多，寫得越好！

我曾經改過一篇孩子的作文，內容在講「扮鬼臉」。這位小朋友不但用了十三個「恐怖」來描述，但最「恐怖」的是，孩子把「怖」寫成了「佈」。孩子的作文寫不好，語彙資料庫不夠豐富是原因之一。而孩子的語彙庫，一定得靠閱讀來累積，孩子讀的書越多，他就會知道同一件事可以用各種不同的方法來形容。

例如《一根羽毛也不能動》中，有很多有趣的動作詞語，包含「推他」、「搖他」、「打他」，在讀這些詞語的時候，老師要跟孩子一起比動作，孩子就會明白同一個動作可以用不同的語詞來敘述，作文時就會越來越懂得使用「換句話說」，寫出來的文章當然也就更優美了。

寫學習單，不等於閱讀

身為大人的我們可以問問自己，如果每讀完一本書，就要寫一張學習單或讀書報告，我們還會想讀書嗎？當閱讀已經變成一件有負擔的事，讀完後就一定要完成什麼以證明我讀了、我懂了，說真的，閱讀就變得不那麼有趣了。

寫了很多學習單，不代表閱讀力會變好

十年前，當教育部通令各級學校開始推動閱讀時，大家都在做學習單，因為學習單比較容易檢核孩子的閱讀績效。老師們光是設計學習單，就花上了好一段時間摸索，從不會到會，大家抄來抄去。因為這個過程，所以直到現在，閱讀仍被不少老師簡化成「寫學習單」；連許多家長也以為閱讀就是寫學習單。而怪現象也不只是寫學習單，還有說故事、做手工小書、送書到偏遠地區等活動。這些當然都是好事，但孩子打開書，就表示他有讀了嗎？

雖然送書到鄉間是有些成功案例，譬如媒體報導有一些弱勢、識字不多的孩子，透過這些閱讀機會而使學業成績大幅進步，但是不能把這樣的過程簡化成「就是因為閱讀這些書，才讓孩子的學習力大增」。我們應該看大人在帶他閱讀時，是否教給他方法？是否鼓勵他透過閱讀建構自己的興趣並開拓視野？

寫學習單、辦活動，都是推展閱讀可以採取的策略之一，但不是閱讀的全貌。所以，當寫了很多學習單，卻沒有真正提升孩子的閱讀理解力時，我們就需要檢討，是不是當初用錯了方法？

不能光寫學習單

要完成一張學習單或是一份閱讀心得，孩子需要能看得懂、會寫作，所以是比較傾向讀與寫的能力。但如果孩子比較擅長聽與說的能力，對他來說，寫很多張學習單，不就很痛苦了嗎？所以，學習單不該是評量學生閱讀興趣與學習成果的唯一依據。如果把閱讀教學簡化成寫學習單，那真的會扼殺孩子閱讀的興趣。

我們得思考，學習單是為誰而做？是否只能有一種型式？或者我們可以設計多元型式的學習單，讓孩子依自己的性向跟專長來發揮？舉例來說，構圖能力很好的孩子，他的學習單是否可以用畫的？或是否交了畫之後，再交給老師一份錄音？除了用畫的，心得感想是否也可以用說的、用演的？

當老師沒有其他辦法檢核孩子的閱讀成效時，是可以用學習單，因為不是所有的老師都是文學院出身，校方選的書，老師也不一定都已經熟讀，所以可以利用既有的學習單依樣畫葫蘆。但是當老師的能力提升以後，就應該要依班上學生的需要，自己設計。

所以我們不能用二分法來看學習單，不是好或不好的問題，而是不能是「唯一」。尤其不能讓孩子覺得寫學習單是一種懲罰，也不能要孩子寫，卻完全沒有指導。假如「讀書心得」這項，孩子只是抄寫書封底上的簡介，有寫字就好，那又何必要孩子寫？

閱讀的基本還是在課文

國小一年級到六年級的國語課本，有一定的選文邏輯，從最開始的教孩子識字，到六年級的教孩子思考，有不同的層次與考量。所以理論上，孩子的自主閱讀也應該要有目標，也要經過檢核，因此每張學習單都應該不一樣，但真正要執行起來卻不容易。結果孩子的閱讀常面對這樣的窘境：一年級到六年級的閱讀目標，看起來都一樣；每一張學習單的問題也都大同小異，例如問孩子書中有幾個主角、主角的特質為何等。這類問題缺乏批判、高層次的思考，也許能鍛鍊低年級的孩子在文字中找線索的能力，但對高年級的孩子來說，就沒有什麼幫助了。

其實，閱讀的基本學習就是國語課本，這點是毫無疑問的，只要細看各年級的國文課本，就會發現每個年級的孩子要學的能力都不一樣。如果老師在課堂上就引導孩子進行課文文意的預測、分析、整理、歸納，絕對能夠有效提升孩子的閱讀理解力；即使是爸媽，也能夠用課本來幫助孩子。

爸媽曾經讀過孩子的國語課本嗎？孩子現在讀的課文，已經跟過去我們讀的不一樣了。孩子讀的時候，能夠理解文章中傳達的訊息嗎？如果是爸媽讀過的課文，可以就自己的人生經歷，來跟孩子討論那篇課文嗎？日常生活中是否能夠把課文拿來應用呢？有什麼新聞、事件、生活中的事情，可以跟文章呼應、結合嗎？

閱讀有多很深層的部分，有時走馬看花地讀，不如爸媽跟孩子一起討論、聊一聊課文內的意思與文句。

校長 PLURK

「讀報」運動中的荒謬現象

看過孩子的「讀報學習單」嗎？裡面的內容經常是要孩子剪下一篇報紙上的報導，要孩子畫下佳句、抄寫下來、附上心得，順便畫畫美化一下。結果孩子常將心得寫成大意，畫上漂亮的花邊，但離提升閱讀能力卻仍有很長一段距離。

「讀報」確實可跟閱讀結合，但需要區分清楚，哪些是屬於語文領域的，哪些是屬於社會領域的？這當中老師是否給予了正確的指導？我還曾聽說，有老師一學期給孩子的作文題目，就是這六篇讀報學習單。但孩子有學到什麼是議論文、什麼是說明文嗎？到了高年級後，孩子的能力是否提升到應有的程度了呢？

有某個縣市就是這樣宣傳，說他們推了讀報運動後，學生寫作成績進步了。但是，他們的前測成績在哪裡？是跟什麼時候比？所以相關單位引用數據宣傳時，真的要很小心，以免遭人質疑。

修辭的考題與背書的迷思

李家同先生曾在媒體上大聲疾呼，認為現在的中小學考試裡不應該考修辭。他的論點在教育界掀起了一陣漣漪，不少教授、老師就「該不該考修辭」這件事，陳述了正反意見。由於考試會連接到「成績」，所以也引起許多家長的關注。

孩子考試時會答，不代表會應用

就算教育先進們還沒有個定論，但在很多中小學的月考考卷裡，令大人也會傻眼答錯的修辭題目，依舊屢見不鮮。所以，我們真的弄懂李先生在反對什麼了嗎？

我想他的意思是說，作家們寫作的時候，一定不可能去想：我現在要用頂真修辭、擬人修辭，還是排比修辭，所以學校為什麼要考修辭？考修辭的作用是什麼呢？

修辭的作用，是為了讓文章更生動，所以老師應該教孩子學會判斷：現在用了這個修辭，是否可以讓文章更生動？修辭的名稱是不是記得很牢，反而不是最重要的。但現在的考試多是著重於「專有名詞」，就算學生考試都答對了，但是當他寫作文的時候用不出來，請問考這個名項有何作用呢？

修辭不能考嗎？我想不是，修辭應該考，因為它的確在文章中產生了一些作用。譬如「微風廣場裡並沒有微風」，這句話當中就應用了「微風」這個雙關語，讓句子讀起來更有趣味。如果這句子沒有採用雙關的修辭，讀起來感覺是否就完全不一樣了呢？

如果考題是這樣出：請學生在下列的句子當中，找一個與「微風廣場裡並沒有微風」，採取相同修辭法的句子。這樣算不算是考修辭呢？我想有經驗的老師們都能認同。但是這樣考，孩子就不用死記、死背各種修辭的名項了。

所以，在作文教學中，我們可以請孩子比較兩個相同意思的句子，有用這個修辭跟沒有用的效果是否一樣？孩子就會知道下次寫作文時，為了要達到相同的效果，可以在文句中的那些地方加上這個修辭。當老師的回家功課或是考題中出現這樣的題目時，家長也可以再次幫孩子加強，運用更多孩子生活中或喜歡的事物來舉例，讓孩子可以更了解。

我曾聽說，有老師是這樣出作文題目的：這篇作文，請用擬人、排比等十個修辭法寫出來。請老師出題前，自己寫寫看這樣的文章，會不會覺得很痛苦？如果連大人都覺得腦筋打結，怎麼能要求孩子寫得好呢？這就是一種不合宜的出題方式。

現在教育現場的教學還有一個問題，就是一年級教擬人法，到了六年級還在教擬人法；一年級出的學習單題目，到六年級還在用，沒有區別、沒有深化。於是學生不知道自己在學什麼，寫作文的時候也常常用不出來，這樣的修辭教學就是失敗的。

校長 PLURK

鑽研字句≠考高分

爸媽知道嗎？基測、學測已經不從課本裡出考題了！所以孩子們需要好好培養閱讀理解的能力，而不是一直鑽研、背誦課本上的字、詞、句。如果因過度鑽研這些而破壞孩子的閱讀胃口，使孩子無法有效提升文意的理解力，那將來考基測、學測時該怎麼辦？

透過閱讀課文，孩子要學的是作者寫作的方法、風格、策略與手法，並瞭解內容的意涵。我們應該建構的是孩子閱讀的敏銳度，讓孩子可以在不同的文本當中學到不同的寫作方式，或至少能欣賞不同文體的作品，增加將來的閱讀廣度。

背不背，很要緊？

很多人在討論要不要讓孩子背唐詩、三字經？但背不背真的是關鍵嗎？我的經驗是，只要帶著孩子朗誦一首絕句三次，孩子可能已經幾乎都會背了。

我曾讀《一根羽毛也不能動》的繪本給小朋友聽，其中有個句子很有趣：

「我才是世界唯一的真正的永遠的冠軍中的冠軍」。讀到第四遍，我還沒講出口，小孩就比我搶先說出來了！雖然孩子們手上並沒有書，但是透過故事的對話，孩子覺得很有趣，聽到句子裡那麼多類疊的詞，連識字不多的幼稚園小朋友都可以琅琅上口。所以，需要要求孩子死背嗎？

我不反對背書，只是大人也需要審視一下，是否每一篇課文都值得背？像三字經、詩詞、大學、中庸這些經典，當然值得背，但是在孩子背之前，他是否懂這些經典的意思呢？

背誦應該是一件有趣味的事，而不應該變成懲罰，譬如背錯一個字要孩子罰寫十遍。如果背的過程是不愉快的，例如為了準備考試而死記強背，考完後就忘了，那麼這些背過的知識除了對考試成績有幫助外，對我們的人生到底又有何意義呢？

老師需學會閱讀教學中的很多策略與方法，書中一些可預測的內容，透過兩三次的反覆，孩子就會了，甚至可以琅琅上口，不需要叫孩子背。爸媽也可以帶著孩子讀，很多的童書都有這樣的趣味，如果沒有發現這種趣味，反而會把重點放在「這本書告訴孩子什麼」，這就有點太嚴肅了。閱讀真的可以很有趣、很好玩，常常在玩的過程中，孩子不僅懂了，也會背了。

好的文章是要背的，一位好作者，絕對可以背出幾句甚至幾篇文章來。我們也期待孩子能夠記得那些美好的文字，問題是要讓孩子怎麼背？朗讀、遊戲等方式是很好的作法，從頭開始背、從中間開始背，也都不用拘泥。讓孩子透過遊戲、透過動作、透過比手畫腳去記，都能讓孩子輕鬆把文句背起來，根本不需要孩子一遍一遍抄寫、一遍又一遍重複讀。

有些家長乍聽之下，可能會覺得哪有那麼多「美國時間」，陪孩子一起朗誦、遊戲，只為了背書而已。但是時間是找出來的，我曾經看過一個家長在搭捷運的時候，跟孩子玩起了課文接龍的遊戲，媽媽念一句、再比手畫腳地提示孩子，讓孩子接下一句。媽媽跟孩子不但在車上有事可做，而且孩子也不會因為太無聊而吵鬧、亂動。重點是要輕鬆地玩，而不是強硬地要求孩子分秒必爭在背書。

第五章

爸媽該如何與學校或教育體制合作？

走入校園，與老師共創教育好環境

班級或學校有很多事務需要家長一起來參與，例如校外教學時，一個老師要照顧三十個學生，恐怕會分身乏術。如果家長那天也正好休假，是否可以抽空去幫助老師呢？

但若家長一起去校外教學，卻只關心自己的孩子，忙著幫自己的孩子餵水、撐傘等，那其他的孩子該怎麼辦？這樣對老師的幫助就不大。

爸媽主動走進校園，為教育加分

家長若願意參與學校的校外教學，就要跟老師討論好協助的方法，譬如要幫忙做什麼事？要分幾組？要帶幾個孩子？這樣的參與才是有價值的參與，也才能真正了解這個活動的教育意義。

如果爸媽是想要走進校園參與校務，最好透過家長會這個組織。學校裡有學校的家長會，班級也有班級的家長會。若想反應的是班級事務，第一個應和班級老師溝通，或是與班級家長會代表溝通。如果這個意見是跟全校事務有關的，就要透過班級家長會代表向學校家長會反應，學校家長會是站在家長的立場來跟學校協商的，打組織戰總比個人去打游擊戰要有力量。

家長要注意跟學校溝通時的教育意義，大人的言行表現都是身教的一部分，溝通時先要清楚自己的堅持是什麼？老師、校方的堅持又是什麼？大家是否能尋求共識，找到解決問題的方法？

現代的家長應要勇於表達自己的意見，當班級、學校出現了反教育的行為時，爸媽要勇敢地站出來，表達自己的看法與關心。現代社會的運作是靠溝通，而不是靠誰的嗓門大。更何況，家長與學校溝通的過程，也是一種教育，可以讓孩子見識到溝通的技巧。

校長 PLURK

走入校園須破除的兩大迷思

當家長要走進校園參與校務時，常有兩大迷思需要破除：

1 **人質在手**：孩子被這個老師教，不等於是「被控制在老師手上」。家長如果因此而不敢反應自己的意見，只是一味隱忍、在孩子面前發牢騷，這樣既無法改善孩子的任何權益，也不是好的身教。

2 **家長會是有錢人參與的**：任何一個家長只有時間、有意願、願意承擔責任，就可以參加家長會，絕非有錢人才能參與。現在的家長會也是打組織戰，有清楚的分工，家長可以依照自己的興趣與專長加入不同的小組工作。

活動並不專屬於某個孩子

任何一個成功的活動背後，都有很多人的心血與付出、都不是天上掉下來的禮物。有一次的畢業典禮，學校想要結合戲劇與影像，給孩子留下特別的印象。但大家畢竟不是活動的專業人士，想了很多創意，卻沒有考慮到這樣的呈現需要不同於以往的舞台與設施，才能讓現場五、六百個人都看到。等到進入細部規畫時才意識到，這個活動需要很多人力、財力的支援，才能辦得起來。還好集合了很多人的努力之後，當天舞台上的表演很成功。但是當我走到後台時，卻發現有很多志工在掉眼淚——因為他們被其他家長罵了！

有些家長很生氣場地太小、能夠容納的人太少。因為我們設有管制區控制人員的進出，結果有家長就當場失去理智，對工作人員咆哮：「你們是不是看不起我？為什麼不讓我進來？那我現在就從二樓跳下去！」此外也有失控發飆的家長，抱怨自己沒有好的位置坐、抱怨無法為自己的孩子找到好的角度拍照……說起來，的確有很多不足的部分可以抱怨。

但這是孩子的畢業典禮，並不是劇院裡賣票的表演。畢業典禮的主角是誰？不是孩子嗎？所以我們堅持要讓孩子坐最好的位置。家長是畢業典禮的配角，所以我們不能保證每個家長都有很好的位置可以拍照。學校其實配有專門的攝影師為全場拍照攝影，放在網路上讓大家下載，所以孩子們還是會留下珍貴的照片。那些被咆哮的工作人員也只是志工，要耗一個晚上維持秩序，並沒有領到一分錢。他們得到的待遇是什麼呢？是被抱怨、被咆哮。家長們不理性的態度，會被孩子看在眼裡。請問，這給了孩子什麼樣的身教？

這是學園內真實的現象，許多家長有「學校把活動辦好是理所當然」的心態。但是一個活動之所以能順利完成，是有賴於很多人在背後的默默付出。所以當我們指責別人沒把事情做好之前，是否也能反省一下，自己為這件事付出了多少？譬如在這個畢業典禮中，我們是觀禮的家長，但我們盡了當觀禮家長的本分嗎？

更常見的例子，就是學校的運動會。每當有競賽的時候，常會看到家長們穿過跑道，急著要幫自己的孩子捕捉衝刺的珍貴鏡頭。家長們都覺得自己孩子那不可或缺的照片很重要，殊不知這樣做不但妨礙了其他小選手的動線，也可能引起肢體衝撞的安全顧慮。

相對地，一些願意擔任志工的家長總是讓我很感動，他們難道不想幫自己的孩子照相嗎？但是輪值的時間一到，照樣得放下自己的孩子，穿起背心維持秩序。這種態度，就是給學校最實質的精神回饋。

關心別人的孩子，就是關心自己的孩子

到學校裡為其他孩子服務，看起來好像與教養自己的孩子無關，但若我們願意看長遠一點，就會知道這種服務最終會回饋到自己孩子身上。

身為爸媽的我們，眼睛裡不應只有自己的孩子，而要多看看自己孩子身邊的人。我們總要想到一句話：唯有這個社會中所有的孩子都變好了，我的孩子才會更好。

這其實也不難想像，如果孩子周遭都是吸毒、偷竊、講髒話的同學，我們要如何確保自己的孩子在成長的過程中能免於這些壞習慣？所以，只有當所有的孩子都變好了，我們的孩子才能真正遠離所有「變壞」的誘因。

什麼樣的老師是好老師？

我教書二十七年了，這二十七年來我的教學方法一直在改變，現在回頭看二十幾年前的教學法，即使是最有把握的國語文教學，都覺得自己有很大的進步空間。

老師掌握好的教學法很重要，以很多學生懼怕的數學為例，數學很強調「關係」，例如正比關係、反比關係、等比的關係、相差的關係、相乘的關係。有時孩子看不出關係所在，所以老師需要帶孩子去看，不管題目是計算邊長、面積或距離，都是在考關係。

但問題是，老師本身也不一定能看得出這些關係，這樣，要如何去教孩子看懂呢？

好老師要能把學生教會

好老師會歸類出孩子的迷思概念通常有哪些，再針對這些迷思概念去做澄清。一個有經驗的老師知道孩子通常會在哪些題目上摔跤，讓孩子在摔跤之後能撿到鑽石、知道以後該如何處理類似的題目。但有時老師並沒有把握這個機會，常常讓學生跌了就跌了，不會就不會，這很可惜。

小學的數學課程是採取螺旋式的編排，這種編排有個好處，孩子在一年級時沒學好的部分，在二年級、三年級時還會碰到，也就有機會可以補救。但重複的部分也會越來越難、越來越深入。現在的大問題是，課程一路螺旋上去，孩子一年級時沒學好；到二年級再碰到時，會產生恐懼心理，還沒學就先告訴自己：「我不會」；到三年級時又碰到，不會的東西越累積越多，挫折、恐懼也越累積越大；到高年級時，連想都不想就說：「我不會」，因為這樣似乎就不用去想了。

很多孩子面對數學時缺乏信心與興趣，這是誰的責任呢？說真的，是教他的老師要負責。老師沒有讓孩子在底層的時候，就發現數學好玩的地方，沒有讓孩子養成「不懂的地方就要把它搞懂」的習慣。

我曾聽說過有老師出考題時撂下狠話：「這次考試如果有一半的學生及格，我就提前退休！」這真的很難理解，月考時出這種考卷的目的是什麼？把所有學生都考倒，就表示老師很厲害嗎？這種出題心態會讓大部分的學生都討厭數學，所以學校針對每次大考的考題，都應該建立一些審題機制，以免這類挫傷孩子信心的考題繼續大行其道。

鄭石岩先生曾講過一個老師的故事，就是他的班上只要有人對這一題不會，老師就在黑板上寫「不會」兩個字，每講解完一次再問班上同學：還有人不會嗎？請舉手。只要還有一個人舉手，他就不停地換方法講解，直到每個孩子都會了，他才把黑板上的「不」字擦掉，剩下「會」這個字。從不會到會，不是只有一條路，為人師者就是要用不同的方法，利用教具操作、情境設想，想方設法地讓孩子由不會到會，讓學生未來都比我們強，這才是一個老師該做的事。

有些老師自己以前的成績就很好，所以較無法體會，為什麼講了三、五

校長媽媽塗鴉牆｜曾經經歷過挫折的老師，更能體會孩子「不會」的心情。

遍，孩子還是聽不懂。他們比較不容易了解孩子的挫折，也不懂他們學不會的難過。一九九五年以後，師資開始多元化，有很多非師範體系的大學生、研究生去念了一年的教育學分班之後，再到各校去應考。我在招考老師時，看得到各種出身的老師，除了有一路順利升學的老師外，也有技職體系出身，可能是念高職、考二專，再考插大或技術學院，一路辛苦曲折地完成學業的老師。

以台灣的社會民情來看，成績表現很突出的孩子不大會選擇讀高職，因此技職體系出身的老師，通常本身也經過「學不會」的階段。這種老師反而比較了解學不會的孩子的感覺，也比較能照顧學不會孩子的需要。有時候對孩子來說，遇到這種「不正統」的老師，說不定是好運氣呢！過去的教育現場可以挑選老師，家長忙著打聽老師的學歷、詢問老師曾帶出幾個「高材生」，結果學生一窩蜂擠進「名師」的班級裡，最後只是讓老師的教學品質下降。孩子進到這樣的班級裡，對他並不一定真正有好處啊！

親師合作是必須的，請家長多跟老師配合，並且多尊重老師的教育專業，切忌不要在孩子面前批評老師。即使對老師有很多不滿，也請找校長談、找教務主任說，才有辦法解決問題。

老師幫她克服了對「蛋」的恐懼！

我是等到自己有了小孩後，才知道一個能掌握方法的好老師對孩子來說有多重要。

方方不吃白煮蛋，因為小時候她在家裡喝了一杯牛奶後到幼稚園，園方準備的早點常常是白煮蛋，她吃了就會吐出來，加上原來胃裡面已經發酵的牛奶酸味，就形成她非常負面的經驗。轉到新的幼稚園後，下課時我去接她，還特別跟老師拜託說她很不愛吃白煮蛋，所以能不能不要天天吃？結果老師的回答是：不會啊，她今天才吃了四分之一個呢！

原來是因為這個老師很有方法，她看方方不吃白煮蛋，就在她面前把蛋切一半，問她要不要試試看吃一半？方方說不要，她就再切一半。一直切到八分之一時，方方終於點頭願意嘗試了，吃完之後她覺得還可以，就把另外的八分之一也吃掉，所以那天總共吃掉了四分之一個水煮蛋。吃完之後她發現自己都沒有吐，原來吃白煮蛋也不過如此，所以就輕鬆克服了這個恐懼。

好老師要具備的心理素質

1 愛自己也愛孩子

好老師一定是真心愛孩子的，他們會將自己定位為孩子生命中另一個「重要他人」。重要他人是一個心理學上的名詞，就是老師在形塑孩子的行為模式、思考方向時，同時也在建構孩子的自信心。所以，好老師首先必須要先愛自己，因為一個不愛自己的人，恐怕也很難愛自己的學生。

生命當中一定存在著正向與負向的事，好老師踏入教室時，能給自己正向的能量，然後再把這股能量傳達給孩子。

2 永遠處於學習 ING

好老師會一直保持在學習當中，因為學習是一件「ING」的事。每天，每個孩子到學校來，都帶著情緒。有的孩子早上被罵，有的孩子沒吃早餐，有的孩子從昨天晚上一直餓肚子到現在……。身為一個老師，有沒有能力去察覺個別孩子的心理狀況？有沒有能力將察覺到的訊息，轉化為教育現場中的動力？

好老師會掌握住學習的方法，所謂學習，不一定是去參加研習或聽演講，而是願意把孩子當作自己的老師。孩子常常在教大人很多事情，雖然他們有時天真如天使，有時調皮如魔鬼，但這帶領、引導他們的過程，也是屬於老師的一種重要學習。

3 體貼聽課的人

我曾聽過一個主任提到：他每次上課時在黑板上寫了一些字以後，就會走下講台，站到最後一排的小朋友旁邊，看看坐在這裡的小朋友，能不能看見黑板上的字？自己寫在黑板上的字正不正確、標不標準？是不是能照顧到每一個孩子？這就是體貼聽講學生的最佳例子。

好老師上完課後，也會自我檢核：這堂課有沒有上好？有沒有不小心傳達到錯誤的訊息？有沒有達到當初設定的目標？有沒有照顧到每一個聽課的孩子？老師的用心，學生一定會知道，如果老師願意體貼每一個聽講的孩子，教室裡的正向循環就會開始，有一天，老師一定會感覺到學生的用心回饋。

老師，你並不孤單

我們學校裡曾有個代課老師，他所帶班級的前一任老師也是個代課老師，可見這個班級有一些問題，所以才會一直更換老師。這位老師接手以後，覺得困難很多，還好他懂得向外求助，所以每一次孩子出狀況時，我們都會一起討論該怎麼做。

譬如他班上有個孩子很會發脾氣，會欺負同學。我建議他在教室裡準備一疊紅色的紙，一疊藍色的紙，要求學生在發怒的時候，就拿紅色的紙寫下來；當他覺得被欺負、很委屈難過的時候，就拿藍色的紙寫下來。

既然是個孩子，就很難克制住怒氣，此時光是罵他、要他克制情緒並沒有用。但老師提供了一個方法，在孩子打人之前，他可以把生氣的感覺、原因寫在紅色的紙上，交給老師。也許寫完後，孩子就覺得沒有打人的必要了。又或者，老師可以讀到事件的另一個面向，而不是在看到、聽到這個學生打人的現象後，只想到要如何處罰他。

帶孩子的過程中會遭遇很多難題、碰到很多棘手的狀況，但無論如何都存在著解決的方法與策略。所以，老師需要求助、要學會跟別人討論，也要學會從別人的建議當中，擷取可以轉化運用的部分，此外更要學會處理自己情緒的技巧。老師要當個陽光的人，並不是說老師不可以有情緒，老師是人，當然也會有情緒，只是要知道如何運用方法去轉化情緒。這就是老師與未成年的學生最不同的地方。

當老師覺得自己的情緒快要失控時，最好先離開教室，請隔壁班的老師幫忙看一下學生。等自己的情緒稍微平復了，再進教室面對事件與學生。否則，要是繼續待在班上面對孩子，就有可能會動手打人，這不僅有可能會傷害學生、為自己惹上是非，也會在學生面前留下了最壞的身教。

老師不應該孤單地面對全班所有的事情，學校內有同事、有行政體系可以幫忙，家長們也應該體會、理解老師所面臨的狀況，大家共同解決困難，才有辦法創造孩子學習的好環境。

如何關心孩子學校教育而不越界？

孩子是我們生出來的，是我們的「產品」，我們把他送進學校，希望他在學校得到什麼樣的教育？我們對教育的想像是什麼？對老師的想像又是什麼？在與老師溝通之前，這是身為家長的我們需要先思考清楚的。

想要了解孩子的學校教育，家長的第一個步驟應是要主動去參加學校日或是親師會；當孩子升上一、三、五年級，換了一個學習階段、換了個老師時，也一定要去了解一下這個老師的教育理念，觀察一下老師的班級經營風格。

把老師當教育合夥人看待

我這十幾年來處理過很多親師溝通的問題，問題本身都很小，家長也覺得自己並沒有惡意，只是把意見說出來而已，但是老師的反應卻出乎意料地激烈，覺得自己被嚴重冒犯。所以，家長要如何表達對孩子學校教育的關心，才能與老師維持良性的互動呢？

每個人心中的尺度跟界線不同，因此我們很難歸納出一個放諸四海皆準、可以運用在每個老師跟家長之間的作法。像我自己比較喜歡家長直接提出意見，而不是什麼都不說就直接法庭見。但有些老師比較拘謹、對自己的要求較高，只要聽到家長提出不同的意見或質疑時，就覺得家長在責怪他，防衛機制就啟動了。所以，親師之間一開始就要建立信任關係，而且這是雙方面的事。家長要避免一開始就質疑老師的諸多作法，若讓老師認為對方是一個來找碴的家長，很多事情就談不下去，小問題也會變成大問題。

不妨將我們的教育願景讓老師知道，與老師一起努力，也把我們有的、知道的教育資源提供給老師。老師一定感受得到，我們是真誠地把老師當作合夥人看待。就算我們對孩子老師的教學風格並不欣賞，但還是要去試著找到這個老師的優點，多去看這些優點，跟老師建立起互信的基礎。當我們跟老師先產生互信的關係時，老師也會比較願意傾聽我們的意見。

我曾見過許多親師之間建立了堅定的合夥關係，孩子就算畢業了、長大了，但是彼此仍在教育現場中並肩而行，這樣的關係真的能讓老師、孩子、家長三方都受惠！

什麼時候家長一定要出面溝通？

1**老師出的作業有問題**：如果跟班上的家長代表討論，發現有三分之一的家長看法都跟你一樣，就該跟老師溝通。

2**老師的教學法有問題**：例如老師放任學生不管、班級裡亂哄哄，家長就該反應。這種反應不算是干涉老師教學。

3**老師的語言品質不好**：老師若習慣用負向的語言責罵學生，此時家長需要舉出具體的實例，讓老師知道自己這樣講會刺傷孩子，也會讓家長有不舒服的感覺。

4**老師體罰學生**：這是家長一定要反應的。

至於若是孩子有一些個別需求，譬如有孩子正在矯正牙齒、吃完飯後一定要刷牙等，家長只須寫在聯絡簿上讓老師知道即可，不一定要直接找老師談。

當你接到老師的告狀電話

我有一個朋友曾打電話來訴苦，說她接到老師打來的電話，女兒在學校裡考試作弊。說真的，接到這樣的電話她還滿震驚的，因為女兒在家裡很乖，很難想像她會在考試時作弊。

當我們做家長的接到老師的電話時，是否可以在第一時間裡把自己的情緒抽離開來？因為我們沒有看到狀況、不在那樣的情境裡，聽完老師的說法後，我們也該聽聽孩子怎麼說。

不過，孩子可能不會說完全的事實，而是會選擇說「不會被嚴重處罰的事實」，所以我們還需要去求證第三者，例如看到這件事的其他同學。譬如我的那位朋友，我建議她按捺住情緒、向第三者求證，她後來就跟事件相關的另一位同學的媽媽談了很久，終於釐清事件的來龍去脈。

又如果，家長接到老師的告狀電話就在家裡等著孩子回來，一見到他劈頭就罵：「你是不是又做了什麼壞事」，不聽孩子解釋就發一頓脾氣，這樣並無法解決問題。當然也有些家長的第一反應是無法接受，覺得這個老師不行、沒有包容心、覺得他不是個好老師，但別的家長可能並不這樣認為。

家長要把自己沉澱下來，才能聽得見所有的聲音。當老師告訴你孩子在學校的不良行為時，你可以當下就判斷孩子會不會這樣做嗎？或是在某種情境下，他有可能會這樣做？如果你對孩子有足夠的了解，對老師打來的電話就不會太震驚。此時，我們的焦點應該是在這件事當中，大家可以學到什麼？孩子犯錯一定要得到適當的處罰，但不是處罰過就算了。我們要讓孩子清楚知道，透過這件事，他學到了什麼？家長、老師又學到了什麼？這樣我們才能在每件事的發生中，找到學習的利器、成長的鑽石。

孩子被老師嫌棄，怎麼辦？

現在教育部規定，要當老師的人，一定要修過三個特殊教育的學分。但是修過學分是否就代表每個老師都具備這種知能？答案是否定的。

並不是每一位老師都具備可以包容班級中學不會孩子的素養，但學校教育是一個「零拒絕」的環境，所以當家長發現自己的孩子遭到老師排斥時，一定要勇敢站出來，為自己的孩子爭取。

我最近才處理到一個案例，家長遇到問題時，一開始還覺得很樂觀，覺得自己可以好好跟老師談。但是談到後來，老師與家長間已經脫離了問題本身，演變成言語上的針鋒相對，彼此也喪失了信任感。這時學校的行政再介入處理，就變得很吃力了。

所以我誠心地建議家長，如果發現與老師間的溝通開始出現問題時，千萬不要等到彼此「撕破臉」時，才找學校的行政團隊出面。應該在一開始時，就先尋求學校行政的引導，譬如說學校裡有輔導室、有教務處，你可以對這些管道主張孩子的權益。不過家長也要有心理準備，若希望孩子轉換班級，學校一定需要跑某些流程。我們要主張自己的權益，但是也不能忽視「程序」的重要性——我們不能期待，孩子一有問題，學校就一定能立刻處理完畢。有些問題的確可以迅速解決，但有的時候就是要花一點時間溝通。現行的制度下，不只是幫孩子轉班可行，轉學也都是可以做到的選項。

但是我仍不建議家長只要一遇到困難，動輒就幫孩子轉學。因為即使換了環境，問題也不一定就能獲得解決。當孩子遭遇問題時，我建議家長先觀察問題本身，這個問題是否有能力改善？改善需要多少時間？若問題真的很嚴重，或是我們不能花時間去等待，父母才須當機立斷、立刻幫孩子作一個比較妥適的安排。

如果，我家有個資優生

提到資優生，你腦海中湧現的第一個印象是什麼？很聰明、氣質好、功課好，又很多才多藝？當然，我不否認世界上存在著這樣全方位的資優生，但那畢竟是少數。只要你曾實地走進學校理的資優班教室觀察，就會知道事實並不如想像的那樣。事實是，很多資優的孩子反而併有學習障礙，譬如有亞斯伯格症，這類孩子在某些部分的確很頂尖、很資優，但卻可能有嚴重的情緒問題。

我也見過曾獲得無數競賽獎牌，但是說起話來卻尖銳刺耳的資優生，他的表現雖優，人緣卻不見得好。所以，所謂的資優生，並不意謂著就是全方位的資優，這是家長首先要認知清楚的。

家有資優生，你準備好了嗎？

標籤化是一個很大的迷思，大家都覺得資優班的學生要樣樣優秀，但是目前的智力測驗著重的都是邏輯推理，只有「魏氏兒童智力量表」有部分的語文測驗。總而言之，容易從智力測驗中脫穎而出的，還是邏輯推理能力特優的孩子們。

但是，這些孩子以後的發展是否就一定較一般孩子好，卻是因人而異的。要看孩子升上國、高中的資優班後，是否能夠充分適應、是不是一直能遇到好的老師引導？

我在教育現場看到，有些家長是「真心期待」自己的孩子是資優生，家長會不斷製造機會，讓自己的孩子看起來「像資優生」，甚至帶孩子到外面補「瑞文氏彩色智力測驗」、「魏氏兒童智力量表」，好讓孩子在做智力測驗時可以拿高分。

但也有些家長不願意把孩子送入資優班，他既不願意讓孩子去參加測驗，也不想知道自己的孩子是資優生，因為他們不希望自己的孩子太特別、被標籤化。他們認為，即使不讓孩子進資優班，還是可以在家栽培孩子。

不管身為父母的我們如何選擇，家中出了一個資優生，父母除了覺得很高興外，也要有更深一層的思考：接下來，我們的功課是什麼？而且這個功課將是一輩子的功課。

透過「魏氏兒童智力量表」可以畫出剖面圖，看出孩子的強項分布，是語文方面的資優，還是數理方面的資優？父母需要去發掘、掌握孩子發展上的強項與弱項。

若孩子真的是全方位的資優生，我們也得特別注意他的身心發展，因為這樣的孩子有可能因為太出風頭，在學校成為被霸凌的對象；或是因為太聰明，而成為喜歡去霸凌別人的人。這些問題父母都要注意，以便及時矯正孩子的偏差行為。否則，一個最聰明的孩子，長大以後有可能成為一個最偉大的罪犯。

最後，我的忠告是：不管這孩子是不是資優生，他都是你的孩子，需要你的一視同仁，千萬不要因為他是資優生，就對他有特別待遇。

如何進入學校裡的資優班？

在台灣，目前要進入學校裡的資優班有一套嚴格的鑑定標準，以便將資優生與績優生區分開來。

所有的孩子進入小一時，都要做「瑞文氏彩色智力測驗」，若孩子的PR值（百分等級）在95以上，就會被推薦去做資優班的入學甄試。孩子小一的學業成績得在全班前面的百分之十，再加上其他額外的表現，及老師平常的觀察，綜合起來作為推薦參考。

被推薦出來的孩子，在小二時要參加團體測驗，測驗通過之後入班觀察，同時要做個別智力測驗，也就是「魏氏兒童智力量表」，孩子的成績得在正三個標準差以上才合格。之後再加上他入班觀察時的表現，一起送學校的鑑定委員會討論，再評估這個孩子是否適合進入資優班就讀。

等審核通過之後，孩子會在三年級進入資優班。一直到四年級，班上都還可以接受新的資優孩子的推薦。

校長 PLURK

績優班≠資優班！

學校內也有一些藝能科的資優班，如美術資優班、音樂資優班、體育資優班、舞蹈資優班等。這些班級名稱中雖然也有「資優」兩字，但其實都不能稱為資優班，應該稱為「績優班」。真正的資優班指的是「IQ」方面的資優，定義是很嚴格的。

資優班裡的特殊課程

資優班的老師會幫每個孩子作IEP（Individualized Education Program），也就是「個別化的教育計畫」。老師會觀察，孩子適不適合跳級、是否可能縮短修業年限？但也有學校不主張讓孩子跳級，而是把課程加深、加廣。

北投國小的資優班有特別延請專門的老師，負責加強資優孩子的情緒教育，因為這類孩子特別容易有情緒障礙。譬如有些資優的孩子說話時眼睛都不看人、拒絕跟人溝通，或是語文表達力特別弱；但相對地，這些孩子在數理方面的天賦又特別高。家長也需要進入資優教育中的環節中，各年級都會有家長讀書會，邀請家長一起來讀書。因為這些資優孩子將來能不能成為國家的棟樑，關鍵在於家長的態度。如果家長的觀念不正確，將孩子的資優作為滿足自己虛榮心的工具，這些既聰明又敏感的孩子，日後很容易走上歧途。

課程中也包涵生涯探索，幫助這些孩子了解自己的優勢是在數理方面、文學方面，還是自然科學方面？因應不同孩子的需要，生涯探索課程的面向很廣，有科普、數學、語文方面等，內容非常豐富。此外，資優班也很強調運動項目，因為有很多的資優生都不愛運動，是喜歡坐著動腦的小胖子、小胖妹，所以老師一定會帶著孩子運動、打球，尤其要讓他們進行團隊合作的運動，訓練他們與人合作的能力。

我曾接過一通電話，是帶資優班的老師打來的電話，他在電話的那一頭興奮得快要哭出來，原因是他帶領班上的孩子去參加了索道車比賽。原本鼓勵孩子去參加這個比賽，只是想要在孩子的心中埋下科學的種子。但沒料到在兩個多月的準備期間，孩子們在家長的支持與陪伴下，好努力地克服了層層難關，練習組裝馬達、計算動力修改索道車的結構，並展現出平常少見的執著與韌性。結果一參加比賽，竟意外抱回了冠軍以及多項大獎。看到孩子們的辛苦得到了肯定，就覺得好欣慰。

無疑地，這是一位關心孩子發展的好老師。一個資優的孩子若能遇到不以他的資優來滿足自己虛榮心的好父母，又遇到一個肯用心、有方法的好老師，那真的是一件很幸運的事！

媽咪 BLOG

我的女兒曾因無法適應資優班而轉學！

方方小學時也曾進入過資優班，不過她不是數理方面的資優，而是語文方面的表現較為突出。但也許是我們無法適應那所學校的資優教育，再加上老師採用較高標的要求，要求班上的每個學生都要達成目標，忽略了學生的個別差異以及所遭遇的困難，所以方方開始害怕上學，後來甚至不敢進教室、偷偷躲在廁所裡，差點演變成逃學。

我知道後，感覺事態嚴重，當機立斷地幫方方辦理了轉學。當時，家人也曾持反對的態度，認為若方方轉學了，那不就不能念資優班了嗎？但我堅持孩子已經出現行為問題了，此時念不念資優班已經不那麼重要了！

如果，孩子要上資源班

當孩子的級任老師提出：「建議您帶孩子去看醫生」時，身為父母的聽到這句話時，第一個反應會是如何呢？

不要排斥帶孩子就醫

一般的父母會有很強的防衛心，當聽到老師提出這個建議時，湧上心頭的第一個想法可能是：「孩子有問題嗎？老師是不是因此嫌棄我的孩子？」

誠懇地建議家長，雖然很不好受，但遇到問題時，還是要保持冷靜，採納老師的建議。帶孩子去看醫生、做檢查，不一定是不好的事情，因為有時透過檢查，才有機會釐清問題是什麼。也許檢查出來，問題是出在孩子聽的理解力較弱，那就需要帶孩子去坊間的相關機構，做一些聽覺理解訓練；或是孩子的視力有問題，導致在看書的時候會跳行、漏字，就要帶孩子做視力矯正與治療，這些生理問題都是有辦法可以處理、對治的。

就算孩子被檢查出真的有注意力不集中、過動的問題，也可以找到有效的協助。是否需要吃藥？要不要去參加訓練課程？坊間有很多相關的家長團體，這些經驗豐富的團體會提供家長有效的策略，或是給孩子支持性的治療。有些團體甚至也到學校來進行教學上的協助，幫助孩子克服學習障礙。

如果醫院檢查出來孩子沒有生理、心理上的問題，代表這些可能性就被排除了，可以往別的方向去尋找「孩子學不會」的原因，這樣才能夠幫助家長與老師去引導孩子學習。

雖然老師的觀察不一定完全正確，但家長最好以比較開放的態度來看待老師的建議，尤其是遇到問題時要面對問題，而不要想去逃避，只要我們願意面對問題，就一定能找到解決方法。此外，家長也須認知，孩子學不會並不是一件可恥的事，因為大人也會有學不會的事。以我為例，因為手眼協調不佳，至今都學不會騎腳踏車。雖然我也很想學會、也練習過、摔過，就是無法克服。所以，家長也需要接受，人不可能樣樣都會，孩子一定有會與不會的、擅長的與不擅長的，只是他不擅長的恰好是學業而已。

我的孩子要去上資源班嗎？

現在學校裡有施行特殊教育的「分散式班級」，簡稱「資源班」。很多家長對於讓孩子去上這樣的「資源班」感到排斥，他們往往覺得：「我的孩子沒那麼嚴重啊」，希望讓孩子留在普通班學習。

不過，家長需要認知到，雖然孩子現在看起來跟同學的差距不是很大，但孩子會長大，他的身體與心理都會產生變化，他的發展也許會跟同班同學越拉越遠。這時，我們就要考慮到孩子的人際處境。在目前台灣的教育現場，學生間的霸凌行為算是滿常見的，尤其到了國小高年級，霸凌事件更是時有所聞。如果我們沒有幫他建立起友善的學習環境，弱勢的孩子極有可能會成為同學霸凌的對象，這樣對孩子的身心發展來說，反而更不利。

義務教育提供的是「零拒絕」的環境，不能拒絕家長希望讓孩子留在普通班的主張，但是家長也需要考慮清楚，這個學習環境對孩子是不是最有利的？

就算最終決定讓孩子留在普通班學習，家長也需要付出更多的心力來協助孩子妥善經營孩子的班級關係。

校長 PLURK

上資源班是孩子的權利

「資源班」的目的是幫助孩子開發潛能，而不是把孩子丟去「資源回收」！在資源班裡，孩子能擁有個別性甚至一對一的教育服務，對孩子來說是教育的權利也是義務，家長不應該剝奪。如果對資源班的教學有疑問，可以入班觀察老師的教學態度，與老師溝通孩子的狀況。某些孩子的特殊狀況的確是需要醫療單位、教育單位與家長的彼此合作，而資源班的老師都受過特別的訓練，也才比較能回應孩子的需要。

我的孩子被霸凌了

校園裡的霸凌事件，並不只是存在於媒體的社會版面上，而是每天每天都在真實的校園角落裡默默地上演著。

所以，家有在學孩子的父母，對這個問題一定要有一定程度的警覺性，因為老師不一定能觀察到每一個孩子。而且，不論是霸凌者或被霸凌者，通常都不會主動告訴父母。身為父母的我們，需要對校園霸凌有一些了解及敏感度。

每所學校裡都有霸凌事件

首先，我們要了解，霸凌問題是一個社會現象，不是靠老師說教，就會有所改善。而且孩子到了高年級後，教室裡常會見到各種小集團，誰要跟誰好、誰又不能跟誰好，一些被排除的孩子，就可能會成為被同學霸凌的對象。

霸凌事件通常是發生在下課，或是老師出去開會、不在教室的時候，因為老師不在現場，沒有目睹事件的發生，所以處理的困難度會更高。

目前在教育現場處理霸凌問題之所以無法盡如人意，原因有很多。譬如老師本身不一定是學輔導出身的，面對霸凌事件，可能只知道用說教、處罰的方式來處理，這樣並無法對治到問題本身。例如，有些孩子被霸凌的原因是他個子小、膚色黑、人緣差，所以總是遭到霸凌，在這種情況之下，老師對全班說教，並沒有辦法解決他的困境。對於這樣的小孩，老師需要找機會讓他成為班上的「英雄」，扭轉他弱勢的形象，他才有可能擺脫總是被欺負的命運。

教育現場中有不同的霸凌因素、不同的霸凌方式，需要用不同的方式去處理。但第一線的老師已將大部分的精力用在孩子的課業上，反而是人際關係的部分較少著墨。因此，孩子常常不知道如何控制情緒，更不知道如何自保。

從孩子的表現中讀出訊息

要避免讓孩子長期處於被霸凌的陰影中，家長需要培養的是察言觀色的能力，而不是一直問孩子：「你今天有沒有被欺負？」

我看過的很多案例顯示，就算孩子真的被欺負，他也不會主動說出來。但是孩子仍會在情緒上、行為上顯露出一些蛛絲馬跡。這些訊息包括：

- 孩子常說自己不想去上學。
- 孩子要上學時就說肚子痛，或是出現其他身心症狀。
- 孩子開始出現一些平常不會出現的行為，如碎碎念、罵髒話，或是情緒容易躁怒。

當孩子有上述表現時，我們就要追根究柢，去了解這些行為背後的原因。至於常會霸凌別人的孩子，表現則比較明顯，譬如情緒比較衝動、容易躁動不安。但也有一種情況是，孩子在家裡的表現很乖，到學校卻成為小霸王，他可能反而常常是被兄弟姊妹欺負的對象。

學校曾出現一個個案，他每天在家被哥哥欺負，家長雖然知道，卻沒有處理。結果孩子到學校天天都有氣要發、天天想打人。這孩子的個子很高，只要跟同學一言不合，就踢翻對方的桌子、出拳打人，老師回到教室總要處理同學對他的告狀，多到數不完。後來，老師提出一個方法，要他在打人前先把生氣的原因與感覺寫在紙上，交給老師。這樣的書寫有短暫的效果，但是仍無法治本，因為他還沒學到處理情緒的方法。

要處理情緒需要很多技巧，首先要能轉移、改變，才能跟人溝通。但是一個孩子要如何具備那些能力呢？當他生氣、還不知道該如何應對時，拳頭已經本能地先出去了，這是他從使用暴力的兄長那裡學來的習慣。也可以說，這個孩子的問題是來自於家庭，如果家庭裡的情況不變，他的行為很難獲得根本的改善。

孩子是父母的鏡子

學校中曾有一位人緣不好，經常以言語攻擊、霸凌別人的學生。國小五、六年級時，他剛好遇到了一位很能包容學生的老師，算是暫時度過了危機。但是等到升上國中後，事情終於還是全面爆發開來，他被同學列為全校最不受歡迎的人。孩子當然很受傷，而孩子的媽媽則氣學校都不處理，於是狀告學校，事情越演越烈。

其實這個孩子的行為模式跟家教有關，這位家長言語犀利尖銳，常常到學校數落校方的不是，言詞中總是要占上風，處處要證明別人的不對。她當然認為，孩子遭到同學的排擠，完全是同學與學校的錯。

另外，多數會霸凌別人的小孩都非常聰明，他回到家不會顯露出會欺負別人的那一面，因此不少家長聽到老師說：「你的孩子會霸凌別人」時，第一時間的反應往往是：「不可能吧，我的孩子在家都很乖、很有禮貌！」

對於有問題的孩子，老師需要記錄，也要適時邀請家長到班上來參與活動、不定時地進班觀察一下。因為孩子之間所發生的衝突，是不可預測的，而且當家長進到學校的活動裡來時，可以聽到孩子跟其他同學說話的口氣，是否跟在家裡不一樣？其他同學看孩子的眼神，是否透露出某種訊息？

家裡有一個小霸王，通常家長不是沒有察覺或是真的不知道，而是心理上不願意接受。就像我們也常碰到某些孩子被醫院檢查出來有過動症的問題，不少家長的反應是：「不可能」，並拒絕讓孩子接受治療。

如果父母願意接受自己的孩子有霸凌別人的事實，這樣不管是校方或是輔導系統的援助，才有可能來到孩子的身上。否則，所有的援助都被阻擋在外、孩子的行為無法改善、問題一直拖延下去，只會迎來一個更大的引爆點。

如果，我的孩子遭到霸凌

孩子會遭遇霸凌，性格因素占的比重很大。此時跟孩子說一些大道理，並沒有太大的幫助，孩子最迫切需要的是學會各種技巧，包括處理情緒、應對、拒絕等。當面臨霸凌威脅的時候，能不能離開？用什麼方式離開？這些技巧都需要一再演練。

當家長發現自己的孩子遭到霸陵，或是會去霸凌別人時，一定要通知學校，跟學校保持密切合作，而不要私自解決或放任不管。家長不一定知道該如何教孩子面對霸凌的技巧，但學校有資源，會針對有需要的學生進行輔導。這些技巧都需要練習，不是一次就可以學會。依我過往的經驗，經過輔導以後，大部分的情況都可以改善。家長也可要求學校進行調查，確認是否真的有霸凌的現象？要要求學校提出清楚的解決策略及時程表，而不是開完會就沒下文。

家長也不要因為孩子被學校提報為個案，就覺得自己的孩子是「壞小孩」，被提報為個案的孩子，只是需要特別的輔導，需要成案、成立輔導小組，這樣外界的支援如心理諮商師、社工等，才會來教導孩子。

爸媽可以跟孩子分享自己小時候被欺負的經驗，也可以分享別人面對霸凌時的經驗，跟孩子一起討論。我們也要常去關心孩子跟同學的互動，當孩子說自己遭到欺負時，他說的是他單方面的看法。我們需要去抽絲剝繭，跟老師一起配合，才能攜手來解決問題。

為什麼我要在這裡鼓勵爸媽們遇到問題時應積極尋求協助？因為我希望家長能建立一個觀念：若我的孩子遭到霸凌，希望他是最後一個受害者。如果家長態度消極隱忍，遲遲不予處理，那就不只自己的孩子受害，還會有更多其他的孩子受害。

學校再好，也無法取代孩子的家

我常在很多演講、座談會的現場看到一些熟悉的家長面孔，他們汲汲營營地吸收新知、努力求自我成長，希望改變自己、讓孩子更好。但也有很大一部分的人，尤其是孩子有嚴重問題的家長，卻很少出現在親職演講會場中。

也許是他們奔波於生計當中所以沒時間參與，也許是從來不覺得自己的成長有什麼重要。總之，他們渾然不覺自己的所作所為正在傷害孩子、正在做「反教育」的事。

你，為孩子修了多少教育學分？

現在校際之間有堆動關懷弱勢學生的計劃，曾有校長朋友打電話給我，說他有幾個學生住在山坡地上的工寮裡，需要找人去陪他們寫功課。要不然，那些孩子都流連於卡拉OK之類的地方，常常唱歌唱到晚上十二點才回家。這些孩子的爸媽在哪裡呢？常常孩子也不知道父母的去向，這些都是高風險家庭，孩子有極大的可能會走上歧途。

我們在做弱勢孩子的訪視時也發現，就算學校很用心，例如請老師留下來免費為這些孩子做補救教學，孩子的問題行為好像暫時會有一些改善，但是當孩子回家，爸媽依舊不管孩子，讓孩子整天遊蕩，甚至滿口髒話，那麼學校的努力成效終究是很有限的。

因此，孩子們身上呈現的問題，反應的往往是我們這些大人，甚至是整個社會的核心價值的問題。我有一種感嘆與憂心，怎麼這核心價值逐漸淪喪了？

與孩子一起處於學習進行式

我遇到有不少家長理直氣壯地說自己：「我不懂教育！」但是不管我們懂不懂教育，只要孕育了一個生命到世界上來，我們每天的所作所為、所思所想，孩子看在眼裡、聽在耳裡，就是「教育」的一環。

其實不懂教育沒關係，以我自己身為一個教育工作者、一個母親為例，這幾十年來也都在學習，還是不敢說自己「都很懂了」。重點是願意打開心胸、願意學習，而不是將孩子往學校裡一扔，把教育的責任丟給學校，繼續在家裡無自覺地對孩子進行「反教育」。

幾十年看下來，一直在思考學校可以再怎麼做，好彌補這些家庭教育不足的孩子？答案是無解，而我也只能就自己的學習經驗呼籲家長。也許有些家長自己就是這樣被帶大的，缺乏成功經驗；也許有一些家長害怕改變。但是，改變沒有那麼可怕。如果身為大人的我們願意嘗試改變，就是給孩子、給自己一個新的機會。

我常在親職講座裡告訴父母，我們大人要「跟」得上小孩，因為孩子都很聰明，如果看到父母去參加親職演講，學到一個好方法，用個兩三天後，又回復到舊有模式，那麼他就會發現爸媽的標準總是變來變去。於是，孩子就會決定，「以不變應萬變」。

這就是為什麼有時候大人上了很多課、學了很多教養方法，卻沒有真正改變孩子問題行為的原因。因為，孩子那雪亮的眼睛總是在看著我們，我們真正在意的到底是什麼，他們一目了然。

很多成年人，尤其是四十歲以上的成年人，常常「自我感覺良好」、難以改變。但既然我們選擇要為人父母、要面對種種挑戰，就要常常把心打開，跟著孩子一起學習成長。

就算已經離開學校，雙鬢斑白，但學習永遠是一件「ING」的事，這就是養兒育女最有價值的部分之一。

●國家圖書館出版品預行編目資料

減法的教育：順著孩子的天賦 不必順著爸媽的意志／
邢小萍作.
-- 初版. -- 臺北市：三采文化,2010.04
面； 公分. --（親子共學堂：11）

ISBN 978-986-229-251-8(平裝)

1. 親職教育 2. 子女教育 3. 親子關係 4. 家庭與學校

528.2 99004806
Copyright © 2010 SUN COLOR CULTURE CO., LTD., TAIPEI

suncolor 三采出版集團

親子共學堂 11

減法的教育

順著孩子的天賦 不必順著爸媽的意志

作者 | 邢小萍
責任編輯 | 杜雅婷
文字編輯 | 曾詠蓁
封面設計 | 薛雅文
排版 | 晨捷印製股份有限公司

發行人 | 張輝明
總編輯 | 曾雅青
發行所 | 三采文化股份有限公司
地址 | 台北市內湖區瑞光路 513 巷 33 號 8 樓
傳訊 | TEL:8797-1234 FAX:8797-1688
網址 | www.suncolor.com.tw
郵政劃撥 | 帳號：14319060
戶名：三采文化股份有限公司
本版發行 | 2016年11月10日
定價 | NT$300

●著作權所有，本圖文非經同意不得轉載。如發現書頁有裝訂錯誤或汙損事情，請寄至本公司調換。All rights reserved.
●本書所刊載之商品文字或圖片僅為說明輔助之用，非做為商標之使用，原商品商標之智慧財產權為原權利人所有。